Paul Scheipers

# Naturwissenschaft und die Frage nach Gott

Paul Scheipers

# Naturwissenschaft und die Frage nach Gott

## Neue Erkenntnisse über einen alten Konflikt

Kreuz

»Wir ertrinken im Wissen und dürsten nach Einsicht.«
*Edward O. Wilson*

Bibliografische Information der Deutschen Bibliothek
Die Deutsche Bibliothek verzeichnet diese Publikation in der Deutschen Nationalbibliografie; detaillierte bibliografische Daten Sind im Internet über http://dnb.ddb.de abrufbar

Kreuz Verlag, Stuttgart
in der Verlagsgruppe Dornier GmbH
Postfach 80 06 69, 70506 Stuttgart

www.kreuzverlag.de
www.verlagsgruppe-dornier.de


Umschlaggestaltung: Bergmoser + Höller Agentur, Aachen
Umschlagbild: © Creatas
Satz: de·te·pe, Aalen
Druck: Clausen & Bosse, Leck

ISBN 3-7831-2592-8
ISBN 978-3-7831-2592-4

# Inhalt

# Vorwort

Verlag und Autor gehen mit diesem Buch teilweise ungewöhnliche Wege, um die immer noch vorhandene Kluft zwischen christlichen Religionen und Naturwissenschaft zu überbrücken. Das Buch vermittelt deshalb wichtiges naturwissenschaftliches Grundwissen und verknüpft es mit christlichen Glaubensvorstellungen.

Als Autor möchte ich mich an dieser Stelle bei den Menschen bedanken, die mein Buchprojekt wohlwollend und kritisch begleiteten. Die Hilfe mehrerer Naturwissenschaftler und Theologen war für mich von großer Bedeutung. Besonders erwähnen möchte ich Prof. Dr. Dr. Dr. h. c. Eugen Biser, Professor *Dr. Anton Zeilinger* und Wissenschaftler seines Teams (*Dr. Brukner, Dr. Sara Gasparoni, Dr. Thomas Jennewein, Dr. Olaf Nairz* und *Dr. Gregor Weihs*) in Wien, *Dr. Hans-Peter Breuer*, *Rüdiger Vaas* und Wissenschaftler des Max-Planck-Instituts für Quantenoptik in Garching. Die Unterstützung des Buchprojekts durch Frau *Dr. Karin Dietrich* war für mich sehr wichtig und wertvoll. Für die Hilfe bei der Entstehung und Gestaltung des Manuskripts möchte ich besonders *meiner Frau Else*, meinem Bruder *Josef Scheipers*, meinen Söhnen *Peter, Raimund und Stefan* sowie *Klaus Burmester, Heinz-Josef Holthaus, Bernd Rux* und *Eva Weßels* danken.

Coesfeld, im August 2005 *Paul Scheipers*

# Einführung

In unserer Zeit ist es für die christlichen Kirchen wichtig, bei der Verkündigung religiöser Glaubenswahrheiten auch den Kenntnisstand der Naturwissenschaft zu berücksichtigen, da die Naturgesetze von den Gläubigen als eindrucksvolle Leistungen Gottes gewertet werden können.

Um so etwas zu ermöglichen, bemühe ich mich, in Teil I wesentliche Erkenntnisse der Naturwissenschaft so einfach wie möglich zu erklären und in Teil II Beziehungen zwischen diesen Erkenntnissen und Glaubensaussagen christlicher Religionen zu knüpfen. Dabei ergeben sich neuartige Aspekte, die das religiöse Leben positiv beeinflussen können. Eine Verbindung naturwissenschaftlicher Forschungsergebnisse mit religiösen Grundfragen, wie sie inzwischen möglich ist, wäre vor einigen Jahrzehnten und teilweise sogar vor einigen Jahren kaum denkbar gewesen, weil der Stand der naturwissenschaftlichen Forschung so etwas noch nicht zugelassen hätte. Inzwischen liegen Erkenntnisse in Bereichen wie Kosmologie und Quantenwelt vor, die von den christlichen Kirchen nicht mehr übergangen oder verdrängt werden können, weil sie für gläubige Christen hochinteressante Informationen enthalten, mit denen sich christliche Gottesbilder ergänzen und Glaubensprobleme hinterfragen lassen.

Leider wehren sich noch viele Verantwortliche in den christlichen Kirchen gegen eine Einbeziehung naturwissenschaftlicher Forschungsergebnisse in theologische Überlegungen, **weil**:

- sie die Naturwissenschaft noch immer als Bedrohung empfinden,
- die Naturwissenschaft in ihren Augen als untergeordnete und für theologische Fragen unwesentliche Wissenschaft gilt,
- ihr Kenntnisstand in naturwissenschaftlichen Fragen zu gering ist, um die Bedeutung der neuen Entwicklungen zu erkennen,
- es zu beschwerlich und zu unsicher erscheint, die gut bekannten und verinnerlichten Wege der Theologie und Verkündigung zu verlassen und Ausflüge in bisher unbekannte Denkwelten zu wagen.

Es gehört zu den Anliegen des Buches, diese teilweise sogar verständlichen Probleme und Vorurteile zu beseitigen. Da naturwissenschaftliches Wissen in diesem Buch anschaulich erklärt wird, kann auch der naturwissenschaftliche Laie das moderne Grundwissen in Ansätzen verstehen. Daraus entwickeln sich neue Denkanstöße. So wird z.B. mit Hilfe der Quantengesetze ein neuer Denkansatz für folgende uralte Frage der Theologie und Philosophie (Theodizeefrage) möglich: »Weshalb lässt ein allmächtiger, gütiger und gerechter Gott so viel Not, Unheil, Krankheiten und Katastrophen zu?« Diese und noch weitere Fragen werden im 6. Kapitel behandelt.

In den christlichen Kirchen gibt es große Glaubenspotenziale. Leider werden diese in unserer Zeit nur selten optimal genutzt. Viele Kirchenmitglieder erfahren Widersprüche zwischen den religiösen Aussagen sowie Ansprüchen ihrer Kirche und dem familiären, beruflichen bzw. gesellschaftlichen Umfeld sowie den geistigen Strömungen der Zeit. Bei der Suche nach Überbrückung der Widersprüche kann ihr Glaube »verdunsten« oder zerbrechen. Für zahlreiche Gegensätze gibt es auch naturwissenschaftliche Hintergründe.

Beispiele:

- Ist Gott vielleicht doch nicht allmächtig, da er so viel Leid und Böses duldet?
- Ist die Schöpfungsgeschichte der Bibel mit dem Wissen über die Entstehung des Universums unvereinbar?
- Kann es die von der Hl. Schrift verkündete Auferstehung der Toten mit Leib und Seele geben, wo doch nach derzeitigen naturwissenschaftlichen Erkenntnissen Leben in unserem Sinne auf der Erde bis hin zum gesamten Kosmos endlich sein wird?
- Werden Aussagen der Kirchen zu Begriffen wie Geist, Seele und Gewissen durch die Erkenntnisse der modernen Hirnforschung unglaubwürdig?

Es gibt noch viele andere Fragen und Probleme, die gläubige Christen verunsichern können. Im weiteren Verlauf des Buches werde ich noch eingehend erläutern, weshalb solche Fragen, Widersprüche und Verunsicherungen im Prinzip überflüssig sind, wenn man das moderne Wissen der Naturwissenschaft berücksichtigt.

Die wesentliche Grundfrage aller religiösen Grundfragen lautet: Gibt es überhaupt einen Gott und kann man seine Existenz oder Nichtexistenz mit Hilfe naturwissenschaftlicher Erkenntnisse beweisen?

Die Gesetze der Naturwissenschaft unterliegen so strengen speziellen Spielregeln, dass sie Gottes Existenz oder Nichtexistenz weder beweisen noch erklären können. Zahlreiche naturwissenschaftliche Abläufe dürfen von Menschen, die an Gott glauben, höchstens als Spuren Gottes interpretiert werden.

Wer annimmt, dass es einen Gott gibt oder dass Gott überhaupt nicht existiert, muss dies glauben. Alles andere ist naturwissenschaftlich unseriös. Beide Glaubensrichtungen dürfen die Erkenntnisse der Naturwissenschaft wohl für ihre Glaubensvorstellungen, aber nicht als Beweise nutzen. Die wichtigsten Grundgesetze der Natur findet man vor allem in der Quantentheorie und den Relativitätstheorien. Der an Gott Glaubende kann im Rahmen seines Glaubens aus den naturwissenschaftlichen Erkenntnissen Rückschlüsse auf Eigenschaften und Fähigkeiten Gottes ziehen. Durch gute Beziehungen zwischen Naturwissenschaft und religiösen Aussagen lassen sich wichtige Botschaften Gottes in den Naturgesetzen erkennen, die zu einem tieferen Verständnis seiner Welt-Konzeption führen. Diese Beziehungen verdrängen nicht die Bedeutung der Bibel und der religiösen Verkündigungen christlicher Kirchen, sondern können sie ergänzen und vertiefen. Die Naturgesetze, die von Wissenschaftlern immer besser verstanden werden, sind keine Erfindungen oder »Romanentwürfe« der Menschen, sondern stammen aus der Sicht gläubiger Christen von einem allmächtigen Gott. Die Zeit ist reif, um solche Offenbarungen ernst zu nehmen, aufzugreifen und in Verbindung mit Aussagen von *Jesus Christus* zu bringen.

Atheisten, die davon ausgehen, dass es keinen Gott gibt, werden natürlich auch in den Erkenntnissen der Naturwissenschaft nach Unterstützung für ihren Glauben suchen. Beide grundlegenden Glaubensrichtungen können tolerant miteinander umgehen, wenn sie ihre Glaubensmeinungen und –aussagen nicht als naturwissenschaftliche Beweise betrachten, mit denen sie die Vorstellungen der jeweils anders Denkenden entwerten wollen.

Nach solchen einführenden Gedanken lässt sich ohne Übertreibung feststellen: In diesem Buch geht es sowohl bei den naturwissenschaftlichen als auch bei den religiösen und atheistischen Fragen an die Substanz.

Leserinnen und Leser können grundlegende Fragen und Probleme Sinn suchender Menschen unserer Zeit aus einem ungewöhnlichen Blickwinkel betrachten und mit ihren eigenen Denkvorstellungen vergleichen.

# Erster Teil:
# Erkenntnisse der Naturwissenschaft

# 1. Kapitel
# Standortbestimmung

**Prolog:** Naturwissenschaft und Religionen haben eine wechselvolle, oft spannungsgeladene Geschichte hinter sich. Auch heute ist das Verhältnis noch lange nicht so unbefangen, wie es eigentlich sein könnte. In Gegenwart und Zukunft werden die Erkenntnisse der Naturwissenschaft für die christlichen Kirchen immer bedeutsamer.

## Ein kurzer Blick zurück

Die Naturwissenschaft hat schon seit ihren Anfängen Philosophien und Religionen beeinflusst.

Im Altertum *(z.B. bei Aristoteles)* spielten Alltagserfahrungen eine große Rolle. Danach war es beweisbar, dass ein Stein schneller zur Erde fällt als eine Hühnerfeder.

Erst später kam die so genannte klassische Physik mit ihrer Denkweise zu großen Erfolgen und setzte sich immer mehr durch. *Galileo Galilei* z.B. stellte in ihrer Anfangsphase nach Versuchen im Vakuum fest, dass alle Körper gleich schnell fallen, also auch Stein und Hühnerfeder. Er ersetzte damit Alltagserfahrungen durch experimentelle Beobachtungen. Bei der Diskussion solcher Denkweisen kam es zu erheblichen Spannungen zwischen der im zarten Wachstum befindlichen Naturwissenschaft und der auch politisch mächtigen Kirche, die gern mitbestimmen wollte, was wissenschaftlich wichtig und richtig sein sollte.

Die Vorstellungen von *Kopernikus* und *Galilei* brachten erhebliche Unruhe in die damalige Theologie. Die Wissenschaft konnte mit wachsendem Kenntnisstand Gottes Existenz nicht mehr so leicht entdecken, wie die Vertreter der Kirche es gern gehabt hätten. Teilweise brachen Weltbilder zusammen: Die Erde war nicht mehr Mittelpunkt der Welt, der von Sonne, Mond und Sternen umkreist wurde. Immer häufiger konnte die Wissenschaft nachweisen, dass dort, wo bisher unmittelbares göttliches Wirken angenommen wurde, beweisbare Naturgesetze in Erscheinung traten.

Diese Entwicklung führte erstmals in der Geschichte zu der wissenschaftlichen Überlegung, ob die Welt nicht auch ohne Gott zu verstehen sei.

Seit *Newton* versuchte die klassische Physik mit starker Unterstützung der Mathematik, die Natur weitgehend mechanisch erklär- und berechenbar zu machen.

Im 18. Und 19. Jahrhundert entwickelte sich aus solchen Gedanken eine regelrechte Euphorie, die bis heute noch nachklingt. Für die klassische Physik, in der die Natur wie ein Uhrwerk nach Ursache und Wirkung funktioniert, wurde Gott überflüssig, ja sogar hinderlich. Die christlichen Kirchen sahen in der klassischen Physik immer mehr einen gefährlichen Feind, gegen den sie sich wehren mussten. Aus dieser Zeit stammt eine Festungsmentalität der Theologie, die sich heute noch manchmal bemerkbar macht.

Durch die Relativitätstheorie und die Quantenphysik erhielt die damalige klassische Physik einen kräftigen Dämpfer.

*Albert Einstein* entdeckte völlig neue Gesetze für die unvorstellbar großen Räume des Kosmos. Quantenphysiker erkannten, dass in atomaren Bereichen die Gesetze der klassischen Physik keine Gültigkeit besitzen.

## Das Verhältnis zwischen Naturwissenschaft und christlichen Religionen heute

Die Physiker sind zu einer neuen Bescheidenheit gekommen. Sie akzeptieren die eigene Begrenztheit, da sie wissen, dass es neben der naturwissenschaftlichen Form noch andere Formen gibt, die Welt zu erfahren, z.B. die ästhetische oder die religiöse. Als Beispiel für diese Denkweise mag ein Choral dienen: Der Naturwissenschaftler löst ihn auf in seine phonetischen und akustischen Bestandteile. Er erkennt Wellen mit unterschiedlichen Frequenzen, die vom Ohr aufgenommen und zum Gehirn geleitet werden. Ein ästhetischer Mensch freut sich über die Schönheit des Chorals. Ein religiöser Mensch kann die physikalische Beschreibung mit Interesse zur Kenntnis nehmen, von der Schönheit des Chorals ergriffen sein und ihn zusätzlich als Gebet zu Gott empfinden.

Die Naturwissenschaft untersucht das Beobachtbare und kommt dort zu Erkenntnissen, wo man objektivieren kann. Mit dieser Methode hat sie große Erfolge erzielt. Subjektive Erfahrungen, wie z.B. Liebe, Kunsterlebnisse oder religiöse Empfindungen lassen sich mit physikalischen Gesetzen nicht erfassen.

Weder die Religionen noch die Naturwissenschaft können jeweils allein diese Welt erklären. Beide Bereiche gehören im komplementären (sich ergänzendem) Sinne zusammen. Freundschaft, Liebe, Hass, Emotionen, Gefühle und Leidenschaften sind ohne physikalische, chemische und biologische Abläufe nicht möglich. Man kann so weit wie möglich die Vorbedingungen dafür naturwissenschaftlich erfassen. Für die weiteren Dimensionen ist die Naturwissenschaft aber nicht mehr zuständig. Diese Dimensionen gehören zu anderen Ebenen des Lebens.

Seit Jahrzehnten finden zwischen Theologen, Philosophen und Naturwissenschaftlern Gespräche auf hohem wissenschaftlichem Niveau statt. Außerdem gibt es Theologen, die sich auch als Naturwissenschaftler einen Namen gemacht haben. Diese guten Ansätze führten noch nicht zu wirklichen Veränderungen in der Theologie und in der Grundhaltung vieler Theologen. Sie reichen gerade für eine schmale, fast nur von Experten begehbare Brücke über eine tiefe Schlucht. Viele Gläubige an der Basis warten aber dringend auf die Klärung widersprüchlicher Fragen und auf neuartige Glaubenshilfen.

Naturwissenschaftliche Laien haben meistens Angst vor der Kompliziertheit und Fremdheit der Naturwissenschaft. Diese Angst gilt es abzubauen. Ohne entsprechendes Grundwissen wird der naturwissenschaftliche Laie es schwer haben, sich in einer heute möglichen Form mit Fragen nach Gott auseinander zu setzen. Deshalb beanspruchen die Erläuterungen naturwissenschaftlicher Erkenntnisse einen relativ großen Anteil des Gesamttextes. Wer als gläubiger Christ dieses Buch liest, kann bereits den größten Teil der naturwissenschaftlichen Texte als religiöse Informationen betrachten, da sie Auskunft über geniale Leistungen Gottes geben.

Ein Laie wird wissenschaftliche Aussagen auf hohem Niveau nie voll erfassen. Expertenspezialwissen gilt nirgendwo im Leben als Allgemeingut. In den folgenden Kapiteln 2 bis 4 werde ich deshalb versuchen, einige wichtige Forschungsergebnisse und Theorien der Naturwissenschaft möglichst anschaulich vorzustellen, um anschließend mit diesem Rüstzeug in Teil II heute mögliche Beziehungen zwischen Naturwissenschaft und christlichen Religionen aufzubauen.

Zur Auflockerung der nüchternen Sprach- und Denkweisen der Naturwissenschaft werde ich mir manchmal sprachliche Verfremdungseffekte und bescheidene satirische Farbtupfer erlauben.

# 2. Kapitel
# Wege in den Mikrokosmos

## Die Welt der Atome

**Prolog:** Atome sind für uns unvorstellbar klein. Es gibt viele Atomarten (Elemente), die man in Periodensystemen geordnet hat. Die meisten Atome können sich nach ganz bestimmten Spielregeln binden zu Gitterformen oder Molekülen. Mithilfe der Mikroskopie ist es gelungen, Atome sichtbar zu machen. Die Ultrakurzzeitfotografie bietet Forschern sogar die Möglichkeit, Atome während blitzschneller Bindungsvorgänge bei chemischen Reaktionen zu beobachten.

Im Bereich der Atome spielen die im nächsten Abschnitt dieses Kapitel erläuterten Quantengesetze eine überragende Rolle.

### Unsere Dimension

Wir erfahren uns selbst und unsere Umwelt unmittelbar. Diese Größenordnung der Natur liegt uns. In ihr arbeiten, essen und trinken wir, treiben Sport, erleben unsere persönlichen Höhen und Tiefen, nehmen Anteil am Schicksal anderer, denken nach, suchen Sinn für unser Leben und vieles mehr. Der eine oder andere von uns benötigt vielleicht Unterstützung durch eine Brille, ein Hörgerät, ein Mikroskop oder ein Fernrohr, doch im Prinzip fühlen wir uns in unserer Dimension der Natur wohl, da sie uns real zugänglich ist. In den Mikro- und Makrokosmos können wir ohne Hilfsmittel nicht gelangen.

### Atome und ihre Bindungen

*Atome* sind so winzig, dass wir ohne Übertreibung sagen dürfen: Sie sind unvorstellbar klein. Oder können Sie sich vorstellen, dass ein Teelöffel voll Wasser erheblich mehr Atome enthält als der Atlantische Ozean Teelöffel mit Wasser? Dennoch haben Wissenschaftler diese Winzlinge bereits relativ gut durchschaut: Atome bestehen aus einem Kern und einer Hülle. Im Kern befinden sich elektrisch positiv geladene Protonen und elektrisch neutrale Neutronen. In der Hülle tummeln sich elektrisch negativ geladene Elektronen. Zwischen Hülle und Kern gibt es relativ viel Leerraum.

Das leichteste Atom ist das Wasserstoffatom, das im Kern nur ein Proton besitzt und ohne Neutron auskommt. In der Hülle bewegt sich ein Elektron. Ein Heliumatom ist bereits stolzer Besitzer von zwei Protonen und Neutronen im Kern sowie von zwei Elektronen in der Hülle. Alle Elemente sind inzwischen fein säuberlich nach Protonenzahl und anderen Gesichtspunkten in so genannten Periodensystemen geordnet.

Die Atome der unterschiedlichen Elemente verhalten sich nach außen elektrisch neutral, wenn die Zahl der Elektronen in der Hülle mit der Zahl der Protonen im Kern übereinstimmt. Ein Kohlenstoffatom besitzt z. B. 6 Protonen und 6 Elektronen. Die Neutronen müssen sich an diese Zahlen nicht halten. Die meisten Elemente enthalten mehr Neutronen als Protonen.

Die Elektronen befinden sich – bedingt durch die unerbittlichen Gesetze der Quantenphysik – in bis zu sieben Schalen innerhalb der Atomhülle. Das chemische Verhalten bestimmen in der Regel die Elektronen der jeweils letzten Schale. Chemiker können inzwischen sehr geschickt, diese Elektronen nach ihrer Pfeife tanzen zu lassen.

Ein Wasserstoffatom bringt sein einziges Elektron in der energiegünstigsten ersten Schale unter, die mit zwei Elektronen maximal gefüllt wäre. Die zweite und jede folgende jeweils letzte Schale können höchstens acht Elektronen aufnehmen.

Das bei uns Menschen so beliebte Sauerstoffatom hat insgesamt acht Elektronen. Zwei davon machen es sich in der ersten Schale bequem, die restlichen sechs bilden in der zweiten Schale zwei Elektronenpaare und zwei einsame Single-Elektronen. Kommt nun so ein Sauerstoffatom mit zwei Wasserstoffatomen zusammen, kann jedes sehnsüchtige Single-Elektron der beiden Wasserstoffatome mit einem der beiden noch sehnsüchtigeren Single-Elektronen des Sauerstoffatoms ein Elektronenpaar bilden, das einem Wasserstoff- und dem Sauerstoffatom gemeinsam gehört.

Solche gemeinsamen Elektronenpaare sind typisch für Atombindungen (kovalente Bindungen). In unserem Beispiel ist ein Wassermolekül ($H_2O$) entstanden.

Es gibt andere Elemente, bei denen der Atomkern die Elektronen der letzten Schale nur schwach festhält. Zu diesen gehört Natrium. Kommt ein Natriumatom z. B. mit einem stark zerrenden Chloratom zusammen, wird ihm ein Elektron rücksichtslos weggerissen. Das Natriumatom ist nach diesem Verlust ein Plusion, während das räuberische Chloratom als Minusion wirksam wird. Die elektrischen Plus-

oder Minusladungen der Ionen wirken allseitig in den Raum. Plus- und Minusionen ziehen sich gegenseitig an. Wenn viele zusammenkommen, kann ein Gitter aus Ionen entstehen, das durch Ionenbindung zusammengehalten wird. In unserem Beispiel ist Kochsalz gemeint, das vielleicht an einer Salzstange haftet.

Treten nur »Schwächlinge« wie Natrium oder Eisen in Aktion, bilden sich sehr »soziale Gemeinschaften«, denn die Metallatome bauen gitterförmige Gebilde auf und »spendieren« Elektronen, welche die Metallgitter fest binden. Metallbindung gibt es bei allen reinen Metallen und den meisten Metalllegierungen.

Unser Wissen über Atome verdanken wir in hohem Maße den Teilchenphysikern, die seit Jahrzehnten in immer leistungsfähigeren Teilchenbeschleunigern Atome und ihre Bausteine aufeinanderprallen lassen. Kommen in diesen riesigen Beschleunigeranlagen reale Teilchen mit genügend großer Energie zusammen, kann es zu eigenartigen Reaktionen kommen: Die Teilchen verlieren ihre Identität und lösen sich in Energie auf, aus der dann neue, teilweise ganz andere beständige Teilchen entstehen können.

Durch indirekte Beobachtungen entdeckten die Forscher dabei viele neue Elementarteilchen, brachten Ordnung in den verwirrenden Teilchenzoo und erfreuten die Wissenschaft mit hochinteressanten neuen Theorien, die allerdings nur auf der Grundlage der ziemlich verrückten Quantentheorie funktionieren. Sie entwickelten dabei das Standardmodell (S. 44).

## Geheimnisvolle Quantenwelt

**Prolog:** Wissenschaft, Technik sowie das alltägliche Leben werden bereits stärker durch die Anwendung der Quantengesetze beeinflusst als allgemein bekannt ist. Die Quantentheorie vermittelt auch der Philosophie und Theologie neue Impulse. Zunächst erfolgt ein Blick in die Quantenwelt. Dafür ist der Doppelspaltversuch besonders geeignet.

### Bedeutung der Quantengesetze

In der Geschichte der Menschheit haben nur wenige wissenschaftliche Theorien die Naturwissenschaft und Technik sowie das Leben der Menschen derartig stark beeinflusst wie die etwa hundert Jahre alte Quantenphysik. Ihre Gesetze haben auf dem Prüfstand der besonders strengen Spielregeln der Naturwissenschaft das Gütezeichen »gesicherte Theorie« erhalten.

Ohne die Nutzung der Quantengesetze gäbe es z.B. keine Halbleiter, Computer oder elektronischen Steuerungen in Maschinen und Autos. Bereiche wie Physik, Chemie, Biologie, Medizin und viele andere wenden die Quantengesetze immer intensiver an. Jeder von uns müsste seine berufliche Tätigkeit und sein alltägliches Privatleben drastisch verändern, wenn er auf die Erfolge der Quantenforschung verzichten wollte.

Im Bereich der Datensicherung gibt es bereits erste Anwendungen von Quantenphänomenen im Bankwesen. Die so genannte Quantenkryptografie (S. 43) sorgt für eine absolut sichere Datenübertragung, da jede Einmischung von außen schon bei der Übertragung des Code-Schlüssels bemerkt wird.

Experten arbeiten mit Hochdruck an der Entwicklung von Quantencomputern, die vielleicht bereits in einigen Jahren oder Jahrzehnten Berechnungen in wenigen Minuten erledigen können, für die unsere derzeit besten Computer noch Jahrhunderte benötigen würden. So eine Entwicklung soll nach Meinung von Wissenschaftlern die Arbeitswelt und das Leben der Menschen erheblich stärker beeinflussen als es die bisherige Computertechnik vermocht hat.

Die Erkenntnisse der Quantenforschung werden mit hoher Wahrscheinlichkeit auch die Philosophie und Theologie verändern. Leider blockieren zurzeit noch bedeutende Denker dieser Bereiche solche Entwicklungen oder lenken die Ströme des quantenphysikalischen Wissens geschickt um ihre Inselpositionen herum.

Da die Gesetze der klassischen Physik in der Regel erst aus der Quantenwelt entstehen, lassen sich die Quantengesetze als »Mutterboden« der klassischen Physik betrachten. Trotz dieser Erkenntnisse wagen es nur wenige Philosophen, die in der Naturphilosophie gut ausgebauten Straßen der klassischen Physik (z.B. das Ursache-Wirkungs-Prinzip) mal zu verlassen und in die philosophisch noch wenig erschlossenen Gebiete der Quantenphysik vorzudringen.

Christliche Theologen können mithilfe der Quantentheorie völlig neue Denkansätze für Gottes Schöpfungsvorstellungen und sein Wirken in der Welt finden. Leider übersehen oder umgehen noch viele Theologen diese neuen, teilweise erst wenige Jahre bekannten Potenziale für die Religionen, aus denen vor allem für Christen unserer Zeit eine Verstärkung der Glaubensgrundlagen und neue Impulse für das Glaubensleben wachsen können.

Dieses Buch möchte Brücken zwischen Erkenntnissen der Naturwissenschaft (Quantenphysik, Kosmologie) und religiösen Glaubensvorstellungen planen und errichten. Das moderne Wissen über die Naturgesetze ist nicht aus patentierten Erfindungen, sondern aus gründlich erarbeiteten Forschungsergebnissen der Naturwissenschaftler entstanden. Für gläubige Menschen bringt es bereits wichtige Hinweise auf Spitzenleistungen Gottes und auf seine grundlegenden Ideen, nach denen unser Universum entstanden ist. Auf diese Gedanken werde ich im zweiten Teil des Buches noch näher eingehen. Zunächst möchte ich in relativ einfacher Sprache wichtige Erkenntnisse der Quantenphysik vorstellen.

## Blick in die Quantenwelt

Die Quantenphysik ist für uns Menschen eine fremdartige, geheimnisvolle Welt, die mit unserer Alltagslogik und Lebenserfahrung in der Regel nichts zu tun hat. Häufig widersprechen die Quantengesetze auch dem sonst im Leben so wichtigen gesunden Menschenverstand.

Quantenphysiker haben gelernt, mit Quantengesetzen außerordentlich erfolgreich zu arbeiten. Ihre Berechnungen funktionieren ohne Widersprüche. Ungewöhnliche Erfolge bestätigen die Richtigkeit der Quantengesetze.

In der Welt der Quanten müssen wir einfach akzeptieren, dass es dort Gesetze gibt, die wir nicht begreifen. Wenn Sie, liebe Leserin oder lieber Leser, den Weg in die Quantenphysik wagen, werden Sie an einer der faszinierendsten geistigen Abenteuerreisen unserer Zeit teilzunehmen.

Während die Relativitätstheorie ihre Möglichkeiten erst in den »höheren Regionen« bei der Erforschung des Universums voll entfaltet, fühlt sich die Quantentheorie vor allem in der atomaren Welt zuhause, obwohl es auch Bereiche wie Quantenkosmologie gibt.

## Was versteht man unter Quanten?

Elektromagnetische Strahlen wie sichtbares Licht, Radiowellen, Röntgenstrahlen usw., denen man früher nur Wellencharakter zubilligte, haben auch Teilchencharakter, der sich in Gestalt masseloser Photonen (keine Ruhemasse) bemerkbar macht. Andererseits zeigen alle Elementarteilchen mit Ruhemasse, wie Protonen, Neutronen, Quarks und Elektronen neben ihren Teilchen- auch Welleneigenschaften. Ähnliche

Aussagen lassen sich sogar über Atome und bestimmte Moleküle machen. Objekte, die sowohl Teilchen- als auch Wellencharakter offenbaren, werden heute in der Regel als Quanten bezeichnet. Vor einigen Jahren wurden sogar Gebilde aus 60 oder 70 Kohlenstoffatomen (Fullerene, S. …) in die Familie der Quanten aufgenommen. Nach Meinung der Experten ist damit das Ende der »Quantenfahnenstange« noch nicht erreicht.

## Erfolgreiche Quantentheorie

Quantenphysiker sind der Meinung, dass die Quantentheorie allein noch keine vollständige Beschreibung der Welt liefert, weil sie mit der in anderen Bereichen sehr erfolgreichen Relativitätstheorie im Prinzip noch unvereinbar ist. Sie gehen aber davon aus, dass beide Theorien in einer heute noch nicht bekannten Gesamttheorie entscheidende Positionen einnehmen werden. Manche Wissenschaftler geben der heute noch nicht ausgereiften Stringtheorie (S. 48) besondere Chancen, eine Theorie zu werden, die alle Fragen der Physik grundlegend löst.

Die Natur benutzt ohne menschliche Einwirkung in hohem Maße die Quantengesetze. So halten sich z. B. in jedem Atom die Elektronen streng an die Quantenspielregeln. Deshalb stürzen sie nicht in den Atomkern und verleihen den Atomen so Stabilität und Bindungsfähigkeit. Ohne die bestimmende Macht der Quantengesetze würde es die Materie überhaupt nicht geben – uns natürlich auch nicht.

Die Quantengesetze sind eindeutig und in ihrer Art ungewöhnlich präzise. Sie bestehen eigenständig und lassen sich nicht auf die klassische Mechanik zurückführen. In diesen Punkten sind sich die Wissenschaftler einig. Nur wenn es an die Interpretation dieser Gesetze geht, gibt es unterschiedliche Meinungen.

## Zunächst einige Wesenszüge der Quantenphysik in einfachster Form:

Die folgenden Grundaussagen können die wichtigsten Eigenarten und Vorgänge der Quantenwelt nicht erklären, sondern nur andeuten.

***In der Quantenphysik*:**

- versteht man unter Quantenobjekten Teilchen des Lichts (Photonen), Elektronen, Protonen, Neutronen, Atome und Moleküle.

- lassen sich im Allgemeinen nur Wahrscheinlichkeiten von Ereignissen vorhersagen.
- werden alle Möglichkeiten (z. B. alle möglichen Wege) in einer Superposition erfasst.
- wird bei einer Messung aus der Fülle der Möglichkeiten nur eine einzige realisiert. Dabei ändert sich der Zustand des Quantenobjekts. So entsteht z. B. aus vielen Auftreffmöglichkeiten eines Teilchens rein zufällig ein einzelner Auftreffpunkt. Alle anderen Möglichkeiten existieren dann nicht mehr. Die Quantengesetze erläutern nicht, wie es zur Auswahl der Möglichkeit gekommen ist.
- haben Quantenobjekte Teilchen- *und* Welleneigenschaften. Beide Eigenschaften lassen sich *nicht* gleichzeitig feststellen (messen).
- können zwei oder mehr Quantenobjekte miteinander verschränkt werden. Eine Verschränkung (»Quantenfreundschaft« oder »Quantenehe«) ist ein System, das nur in der Quantenwelt bekannt ist. In diesem System haben die beteiligten Quantenobjekte keine individuellen Eigenschaften mehr. Sie sind so miteinander verbunden, dass eigenschaftslos ihre Beziehungen auch bei großen Entfernungen bestehen bleiben (Nichtlokalität).
- kommt es beim Zusammenbruch einer Verschränkung – z. B. durch eine Messung bei einem der beteiligten Quantenobjekte – trotz großer Entfernung ohne Zeitverzug zu festgelegten Auswirkungen.
- wird deutlich, dass die Gesetze und Abläufe in der so genannten »klassischen Physik« ohne die Quantengesetze nicht existieren würden. Deshalb sind die Quantengesetze der »Mutterboden« für die meisten physikalischen Gesetze.

## Was hat die Quantenphysik noch zu bieten?

Die Leserinnen und Leser finden in den folgenden Kapiteln weitere anschauliche Texte zur Quantenphysik auf unterschiedlichen Niveaustufen. Die dabei entstehenden Gedankenwege können für naturwissenschaftliche Laien mühevoll und für Kenner der Quantenphysik zu einfach sein. Im Prinzip lohnt sich die Beschäftigung mit dieser Physik, denn man stößt dabei nicht nur auf grundlegende Naturgesetze, die unsere Welt wesentlich gestalten, sondern auch auf neuartige Aspekte der Schöpfungskonzeption des allmächtigen Gottes.

## Doppelspaltversuch

Der Doppelspaltversuch ist für die Erklärung der Quantenphysik von großer Bedeutung, da er die meisten Phänomene dieser Physik enthält.

In diesem Versuch spielen Wellen eine bedeutende Rolle. Ihr Verhaltensprinzip lässt sich zunächst einmal ganz einfach mit Wasserwellen erläutern. Mehrere Wasserwellen sollen sich parallel auf eine Mauer zu bewegen, die zwei Kanäle besitzt.

Jede dieser Wasserwellen kann gleichzeitig durch beide Kanäle der Mauer fließen. Die beiden Teilwellen werden am Ende beim Herausfließen aus den Kanälen zu Kugelwellen, die sich überlagern. Wenn dabei ein Wellenberg und ein Wellental übereinander kommen, löschen sich beide aus. Treffen jeweils zwei Wellenberge oder zwei Wellentäler übereinander, verstärken sie sich.

*Doppelspalt mit Wasserwellen*

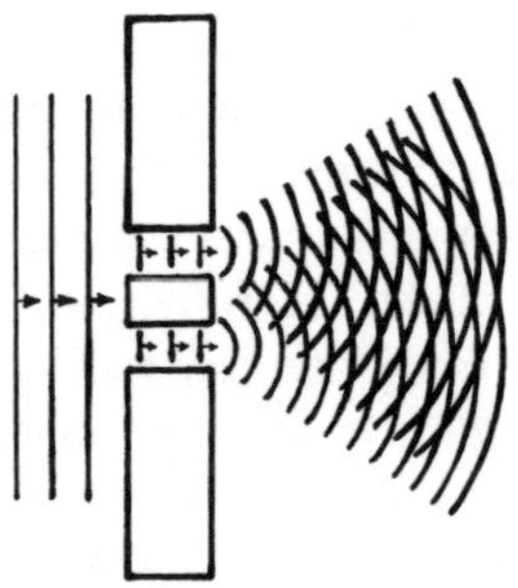

Wird ein im Prinzip ähnliches Doppelspaltexperiment von einer feststehenden Schallquelle aus mit Schallwellen hoher Intensität durchgeführt, zeigt eine Messung der Schallintensität auf einer Registrierwand mehrere Streifen, die eine hohe Klangintensität anzeigen, während zwischen den Streifen nur geringe Intensitäten feststellbar sind. Das Streifenmuster wird als Interferenzmuster bezeichnet, das in diesem Fall entsteht, wenn sich Schallwellen nach dem Durchdringen der beiden Spalte überlagern. Auch hier löschen sich Wellenberge und Wellentäler gegenseitig aus, so dass ihre Gesamtintensität Null ergibt. Überlagern sich hingegen Wellenberge oder Wellentäler, addieren sich ihre Intensitäten, wodurch eine Verstärkung erfolgt.

Die Beispiele mit Wasser- und Schallwellen sind relativ einfach zu verstehen und entsprechen unseren Lebenserfahrungen. Sie funktionieren nach den Gesetzen der klassischen Mechanik.

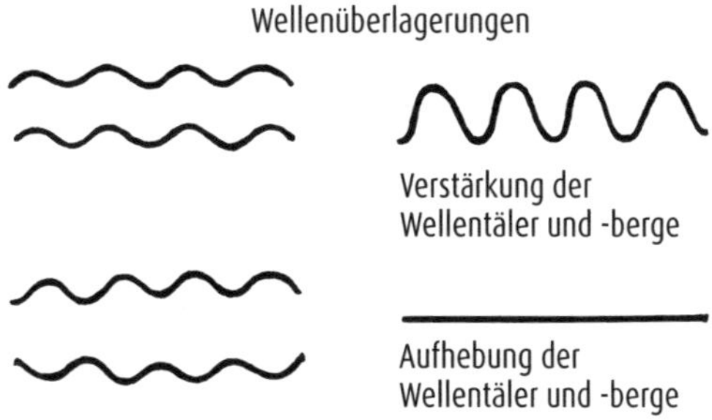


*Wellentäler und -berge*

Ganz neue Phänomene tauchen auf, wenn man Doppelspaltversuche – gut isoliert von der Außenwelt – nach Quantengesetzen durchführt. Zunächst waren solche Versuche nur als Gedankenexperimente möglich. Seit einigen Jahren lassen sie sich auch praktisch in Labors durchführen. In diesen Experimenten mit Quantenobjekten aus materiefreien Teilchen (z.B. Photonen) und Teilchen mit Materie (z.B. Elektronen, Neutronen, Protonen, Atome, Moleküle) wurden die Gedankenexperimente voll bestätigt.

Teilchen- und Welleneigenschaften sind nichts anderes als unterschiedliche Erscheinungsformen eines Quantenobjekts.

Was kann es für den Doppelspaltversuch bedeuten, wenn Teilchen Wellencharakter zeigen? Man könnte auch fragen:

»Möchten Sie auf zwei Hochzeiten gleichzeitig tanzen? Das geht nicht? Die Quantenwelt macht es möglich! Warum? Weil dort ein Teilchen zu einer Welle werden kann, die an vielen Orten gleichzeitig schwingt. Das widerspricht natürlich unserer Alltagserfahrung, denn jeder Versuch, auf zwei Hochzeiten zu tanzen, muss scheitern. Materiewellen aber schaffen das problemlos. Sie können an vielen Orten gleichzeitig schwingen, wie z.B. auch eine Wasserwelle prinzipiell nicht auf einen Ort beschränkt ist: Sie kann sich aufteilen und durch zwei Kanäle gleichzeitig fließen… (*Robert Löw* und *Tilman Pfau* in »Verschränkte Welt«, S. 77)

»Ein Elektron, das in der Quantenwelt um einen Kern »kreist«, kann sich an mehreren Orten gleichzeitig befinden. In der klassischen Welt (Sonne und Erde) ist dies anders: die beteiligten »Teilchen« (Himmelskörper) sind zu einer bestimmten Zeit auf einen bestimmten Ort festgelegt. Ein Elektron, das in der Quantenwelt an einen Kern gebunden ist, wird durch eine Materiewelle beschrieben, die um den ganzen Kern verteilt schwingt, sich also an vielen Orten aufhält…« (wie oben S. 80)

Zurück zum Doppelspaltversuch: In einer gut von der Außenwelt isolierten Experimentieranlage gelangen Quantenobjekte durch eine Wand mit Doppelspalt zu einer Registrierwand. Sie werden zunächst als Teilchen losgeschossen und kommen am Schluss ihrer Reise als Teilchen auf der Registrierwand an. Dort markieren sie Trefferpunkte, die in größerer Anzahl ein streifenförmiges Interferenzmuster bilden. Dieses Muster weist darauf hin, dass die Objekte zwischendurch ihren Wellencharakter genutzt haben, denn nur dann kann es entstehen. Man darf allerdings zwischendurch nicht nachschauen, was die Objekte tun.

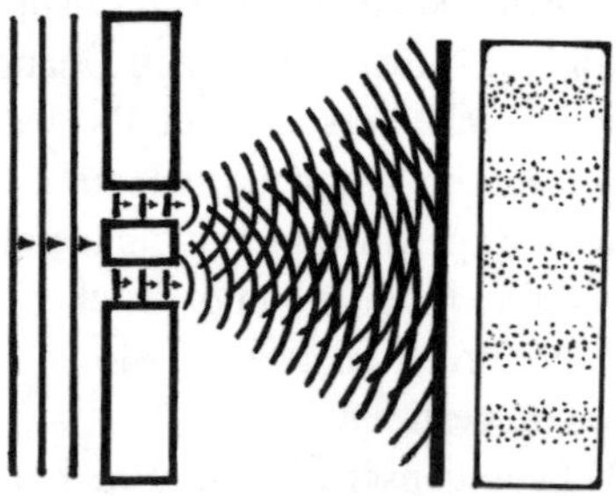

*Doppelspaltversuch mit Quanten*

Wenn man listenreich nachschaut, was beim Doppelspalt geschieht, zwingt man das wellenförmige Quantenteilchen, sich zu einem Ort zu bekennen. Damit wird es wieder zu einem lokalisierten Teilchen, das keine Interferenz mehr zeigen kann. Dieser Vorgang wird in der Quantenphysik als Messprozess bezeichnet. Ein Quantensystem kann sich so lange in mehreren Zuständen gleichzeitig befinden, bis man versucht, seinen Zustand tatsächlich festzustellen.

Eine Sensation gelang *Anton Zeilinger* und seinem Team 1999 in Wien. Sie konnten den Wellencharakter von Fullerenmolekülen nachweisen. Die Forscher interessierten sich bei ihren Versuchen vor allem dafür, bis zu welcher Teilchenmasse sich der Wellencharakter der Teilchen zeigt. Gibt es eine fundamentale Grenze für diesen Wellencharakter? Dahinter steht die wichtige Frage: Wo endet der Bereich der klassischen Physik und wo beginnt die Quantenwelt oder wo ist der Übergang von der Quanten- zur klassischen Welt?

Fullerene sind große Moleküle, bei denen sich die Kohlenstoffatome so verbinden, dass sie die Hülle eines »Minifußballs« bilden, die einen Hohlraum umkleidet. Das Fullerenmolekül $C_{60}$ besteht aus 60 chemisch miteinander verbundenen Kohlenstoffatomen und hat eine erstaunliche Ähnlichkeit mit der Struktur eines Fußballs. In der Versuchsanlage erfolgt das Fullerenexperiment in völliger Analogie zum berühmten Doppelspaltversuch. Die Fullerene zeigen dabei Wellencharakter. Durch dies Experiment wurden Fullerene in die Familiengemeinschaft der Quanten aufgenommen. Sie sind die bisher größten Objekte, die nachweislich den Materiewellen gehorchen. Damit wird der Doppelspaltversuch noch rätselhafter. Können sogar Tennisbälle ihre »Gespenstereigenschaft« Wellencharakter zeigen? So weit wird es wohl nicht kommen: Ein Tennisball, der 80 Gramm wiegt und mit einem Schläger auf eine Geschwindigkeit von 50 Meter pro Sekunde beschleunigt wird, hat eine de-Broglie-Wellenlänge von $10^{-34}$ Meter. Eine solche Wellenlänge lässt sich mit den heute möglichen Experimentieranlagen nicht auflösen, so dass ein Test technisch nicht durchführbar ist. Deshalb bleiben zum Glück auch uns Doppelspaltversuche erspart.

Bei wie viel Protonenmassen hören Objekte auf, uns neben ihrer »Teilchenschönheit« auch ihre »Wellenmusik« durch Quanteninterferenz zu offenbaren? Heute vermutet man die technische Grenze bei etwa $10^7$ (10 000 000) Protonenmassen. Das entspricht ungefähr der Masse kleiner Viren. Um dieses Ziel zu erreichen, ist noch viel Forschungsarbeit erforderlich. Im Vergleich zur Virenmasse besitzt ein Fullerenmolekül $C_{60}$ »nur« 720 Protonenmassen.

## Wesentliche Begriffe der Quantenphysik

**Prolog:** Die Erläuterung der ausgewählten Begriffe zeigt bereits deutlich, dass in der Quantenwelt Gesetze herrschen, die mit unseren menschlichen Denkvorstellungen nicht zusammenpassen. Vorgestellt werden Unschärfeprinzip, Beobachtereffekt, Schrödinger-Gleichung, Quantensprünge, Nichtlokalität, Superpositionen, Verschränkungen und Dekohärenz. Die uns bekannte Materie ist eng mit verschränkten Quantenzuständen verbunden. Sie lässt sich durch Quantenvorgänge beeinflussen.

Vergleiche zwischen klassischer Physik und Quantenphysik stellen die Besonderheiten beider Bereiche heraus.

## Unschärfe als Prinzip

Das Unschärfeprinzip nach *Heisenberg* widerspricht unserer Alltagslogik. Im Quantenland ist es weder erwünscht noch möglich, gleichzeitig Ort und Impuls eines Quantenteilchens zu bestimmen. Unter Impuls versteht man das Produkt aus Masse mal Geschwindigkeit. Häufig berücksichtigt man nur den Geschwindigkeitswert des Impulses.

*Anton Zeilinger* erklärt das Unschärfeprinzip folgendermaßen:

»Die Heisenbergsche Unschärfebeziehung ist eine der Grundaussagen der Quantenphysik. Anschaulich gesagt bedeutet sie nichts anderes, als dass man es sich aussuchen kann, ob man entweder den Ort eines Teilchens sehr genau bestimmen will, also wo es ist – dann bleibt aber seine Geschwindigkeit ungenau bestimmt. Oder umgekehrt: Man kennt seinen Impuls, also die Geschwindigkeit, dann aber ist der Ort ungenau bestimmt. Beides, Ort und Geschwindigkeit, lassen sich nicht gleichzeitig genau bestimmen… Es ist also nicht nur unmöglich, beide gemeinsam genauer zu messen, sondern das Teilchen selbst kann keine genaueren Eigenschaften besitzen. Wissen wir also sehr genau, wo es ist, dann ist seine Geschwindigkeit sehr ungenau festgelegt; das heißt, nicht einmal das Teilchen selbst besitzt eine wohldefinierte Geschwindigkeit. Genauso umgekehrt: Wenn das Teilchen eine sehr genaue Geschwindigkeit besitzt, dann ›weiß‹ es nicht, wo es ist.« (*Anton Zeilinger*, Einsteins Schleier, S. 52)

Im Quantenbereich beeinflusst eine Messung grundsätzlich das gemessene Objekt. Es wird in einen zum Messwert gehörenden Eigenzustand überführt. Bei einer Ortsmessung erhält das Objekt Ortseigenschaft, bei einer Impulsmessung Impulseigenschaft. Folgt auf eine Ortsmessung eine Impulsmessung, wird die Ortseigenschaft zerstört. Umgekehrt verhält es sich genauso. Ohne eine Messung im Rahmen der Unbestimmtheit hat ein Quantenobjekt weder Orts- noch Impulseigenschaft. Beide Eigenschaften sind dann nur potenziell vorhanden, können aber durch eine Messung aktualisiert werden. Solche Weder-Noch-Objekte gibt es in der klassischen Physik nicht (nach *Jürgen Audretsch*, Verschränkte Welt, S. 28).

## Komplementarität

Wenn in der Quantenwelt im Rahmen einer Messung ein Teilchen Ort oder Impuls zeigen muss, besitzt es die jeweils andere Eigenschaft nicht mehr. Dabei geht es nicht um Messungenauigkeiten, die sich durch verbesserte Instrumente beseitigen lassen, sondern um das Prinzip, dass beide Eigenschaften gleichzeitig nicht existieren können. Solche Eigenschaften nennt man komplementär. Sie schließen sich zwar gleichzeitig aus, ergänzen sich aber auch. Keine der komplementären Eigenschaften kann allein ein System vollständig beschreiben. Beide sind aufeinander angewiesen. Für den Doppelspaltversuch bedeutet die Komplementarität, dass der Weg eines Teilchens und das entstehende Interferenzbild die zwei verschiedenen Seiten einer Medaille sind.

## Beobachtereffekt

Das komplementäre Verhalten eines Systems, z.B. beim »Elektron« beziehungsweise »Neutron«, hängt wesentlich mit dem Beobachtereffekt zusammen. Durch Beobachtungen (z.B. Experimente) lässt sich die eine oder andere Eigenschaft feststellen. Zeigt ein Experiment mit Hilfe bestimmter Geräte ein Elektron als Teilchen, so kann ein anders gestaltetes Experiment ein Elektron als Welle offenbaren, nur beide Eigenschaften lassen sich gleichzeitig nicht zeigen.

Seit Jahrzehnten haben Physiker in unzähligen Experimenten mit raffinierten Tricks versucht, die Quanten bei ihren »Lebensprinzipien« zu überlisten: Es ist ihnen nicht gelungen. Wenn sich z.B. ein Elektron beim Doppelspaltversuch unbeobachtet fühlt, verhält es sich wie eine Welle, denn es entsteht ein Interferenzmuster, allerdings nur, wenn die Versuchsstrecke sehr gut von der Außenwelt abgeschirmt ist. Sobald das Elektron an der Sensorwand gemessen wird, erscheint es an einer Stelle als Teilchen. Wo es auftrifft, ist vorher nicht zu bestimmen (Unbestimmtheitsprinzip). Es gibt wohl eine Anzahl möglicher Auftreffpunkte, die aber alle in den Verstärkungsbereichen des Interferenzmusters liegen. Bereits vor dem Experiment lassen sich diese Bereiche mit Hilfe der Schrödingerschen Wellenfunktion berechnen.

In den Berechnungen der Quantenphysiker geht es nicht um genaue Bahnen oder Punkte, sondern nur um die Wahrscheinlichkeit, mit der Teilchen an bestimmten Stellen gefunden werden.

## Schrödinger-Gleichung

Elektronen und andere Quantenobjekte verhalten sich wie Teilchen, wenn sie gemessen werden. Ihre räumliche Verteilung erfolgt jedoch nach wellenartigen Wahrscheinlichkeitsmustern, die sich exakt aus der Schrödinger-Gleichung ergeben. (Mathematisch interessierte Leserinnen und Leser finden die Gleichung in Physikbüchern.)

»Nach dieser neuen Deutung handelt die Gleichung von Wahrscheinlichkeitswellen, die vorhersagen, was das Elektron tut, welche Energie es hat, wo es sich befindet und so weiter. Diese Vorhersagen haben jedoch die Form von Wahrscheinlichkeiten. Das Wellenartige am Elektron sind genau diese Wahrscheinlichkeitsvorhersagen. Die wellenartigen Lösungen der Gleichungen können sich an einer Stelle anhäufen und zusammen eine hohe Wahrscheinlichkeit ergeben, während sie sich an anderen Stellen gegenseitig aufheben und zu einer niedrigen Wahrscheinlichkeit führen.« (*Leon Lederman*, Das schöpferische Teilchen, 232)

Diese Gleichung konnte in zahlreichen Versuchen bewiesen werden: Wo sich nach der Gleichung eine hohe Wahrscheinlichkeit für Teilchen ergibt, findet man z. B. das Elektron auch meistens, und wo die Wahrscheinlichkeit gering ist, treibt es sich auch nur selten herum. Mit Hilfe der Schrödinger-Gleichung lässt sich also nur die Wahrscheinlichkeit dafür vorhersagen, dass sich ein Elektron oder ein anderes Teilchen der Quantenwelt in einem der Zustände befindet, die in der Gleichung erlaubt sind. Wo dieser im Einzelfall genau ist, bleibt dem Zufall überlassen.

Ohne Übertreibung lässt sich sagen, dass die Schrödinger-Gleichung den außerordentlich erfolgreichen Siegeszug der Quantentheorie wesentlich mit beeinflusst hat.

Wenn sie auf den Doppelspalt angewendet wird, ergibt sich rechnerisch eine Wahrscheinlichkeitsverteilung für Auftreffpunkte. Diese entspricht der Form eines Interferenzmusters aus wellenförmigen Überschneidungen.

Konkret ausgedrückt: Werden z. B. Neutronen aus einer feststehenden »Neutronenkanone« unter gleichen Bedingungen auf den Doppelspalt geschossen, so entsteht trotz gleicher Ursachen keine einheitliche Auftreffstelle, sondern eine berechenbare Wahrscheinlichkeitsverteilung der Auftreffpunkte in Form des Interferenzmusters.

Diese möglichen Auftreffpunkte (-positionen) nennt man Superposition.

Im Rahmen der klassischen Physik nach *Newton* erzielen gleiche Ursachen auch gleiche Ergebnisse. In der Quantenphysik hingegen führen gleiche Ursachen zu präzisen Wahrscheinlichkeitsverteilungen für Messergebnisse.

## Quantensprünge

Auf Quantenebene kann eine Änderung der Energie nur stufenweise erfolgen. Zwischen den erlaubten Energieniveaus (Energiestufen) sind Quantensprünge möglich.

Würde sich das eine Elektron eines Wasserstoffatoms nach den Gesetzen der Newton'schen Mechanik verhalten, könnte es sich je nach Geschwindigkeit auf jeder beliebigen Umlaufbahn bewegen. Dann wäre jedes Wasserstoffatom anders und würde nicht nur Chemikern Albträume bereiten. Zum Glück gelten aber die Gesetze der Quantenphysik für das Elektron des Wasserstoffatoms und die Elektronen aller anderen Atome.

Die Quantenphysiker ermittelten den Bereich der höchsten Aufenthaltswahrscheinlichkeit für das Elektron im Wasserstoffatom. Er entspricht dem energieärmsten Grundzustand in der ersten Schale. Noch näher zum Atomkern kommt das Elektron nicht. Ein höheres Energieniveau kann das Elektron nur erreichen, wenn eine von außen einwirkende Kraft groß genug ist, um es eine vollständige Energiestufe höher zu heben. Dort fühlt es sich überhaupt nicht wohl und springt deshalb so schnell wie möglich auf die energieärmere Stufe zurück, wobei es eine »Energieportion« als Photon (masselose Teilchen des Lichts) wieder wegschießt. Sind die Anstöße von außen nicht stark genug, um das Elektron eine komplette Energiestufe höher zu befördern, ändert das Elektron »quantenstur« und »quantenbewusst« nicht im Geringsten seine Energielage. Durch diese Stufenform der Energie erhält z.B. das Wasserstoffatom eine große Stabilität. Alle Wasserstoffatome sind gleich. Ähnlich stabil ist die Anordnung der Elektronen bei anderen Elementen.

Ohne dieses Quantenverhalten wäre die Natur, so wie wir sie ken-

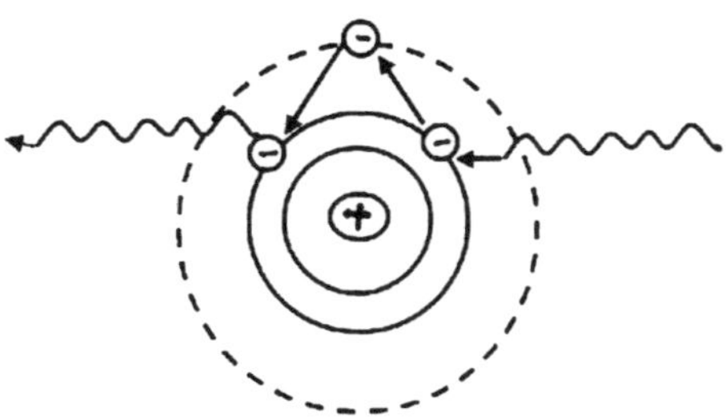

*Lithiumatom (Quantensprung eines Elektrons eine Schale höher und wieder zurück)*

nen, nicht möglich. Der geschilderte Ablauf bei Quantensprüngen ist für das Verständnis grundlegender Quantenvorgänge von großer Bedeutung.

»Ein Quantensprung ist also im Gegensatz zum üblichen Sprachgebrauch des täglichen Lebens nicht etwas Großartiges, das zu einer neuen Qualität oder zu etwas besonders Interessantem, Neuem führt, sondern im Gegenteil etwas ganz winzig Kleines, das noch dazu ganz spontan abläuft und in keiner Weise beeinflusst werden kann.« (*Anton Zeilinger*, Einsteins Schleier, S. 108)

## Nichtlokalität

Bei der uns zugänglichen Materie – in der Regel Ansammlungen von unvorstellbar vielen Atomen – stellen wir mit unseren Wahrnehmungsmöglichkeiten getrennte Einheiten fest, z.B. Bälle, Geldstücke, Häuser oder Himmelskörper. Zwischen ihnen können sich Signale höchstens mit Lichtgeschwindigkeit bewegen. Wenn sich z.B. Licht von einem fernen Stern in das Teleskop einer Sternwarte verirrt, war es vielleicht schon Millionen von Jahren mit dieser Höchstgeschwindigkeit unterwegs. Jenseits solcher lokal erkennbaren Zusammenhänge gibt es nach Erkenntnissen der Quantenphysik noch sehr geheimnisvolle nichtlokale Zusammenhänge, die zum Wesentlichen der Quantenwirklichkeit gehören. Nichtlokale Vorgänge spielen für uns in den Messsystemen der makroskopischen Welt keine Rolle. Die klassische Physik zerlegt die Welt in Teilchen, isoliert und analysiert sie, setzt sie wieder zusammen und lässt sie funktionieren. Die Quantenphysik hingegen zeigt, dass man auf Quantenebene die Welt nicht in unabhängig voneinander existierende Teilchen aufteilen kann. Quantenphysikalische Denkweisen gehen davon aus, dass es in Quantensystemen isoliert existierende Teilchen nicht gibt. Wenn ein Trampolinspringer mit seinem Körpergewicht von oben auf die elastische Matte prallt, wird diese an der Auftreffstelle zwar besonders eingedrückt, aber alle Bereiche der Matte werden gleichzeitig auch beeinflusst, da die Fäden miteinander verwoben sind. Dieses Beispiel gehört zu unseren Lebenserfahrungen. Es kann Quantenvorgänge nicht richtig erklären, da es für diese keine real vergleichbaren Abläufe in der klassischen Welt gibt. Dennoch liefert es uns einen bildhaften Vergleich, mit dem wir uns ein wenig an die »verrückte« Quantenwelt herantasten können.

Durch die Quantenphysik sind zahlreiche Phänomene der Natur in den Blickpunkt der Forschung gerückt, die deutlich darauf hinweisen, dass die Vorstellungen der klassischen Physik nicht mehr allein in der Lage sind, ein tieferes Verständnis dafür zu entwickeln, was die Welt im Innersten bestimmt. Wer z. B. an religiösen Grundfragen interessiert ist, wird fast zwangsläufig zu der Frage gelangen, ob die Erkenntnisse der Quantenphysik auf eine Grundkonzeption Gottes hinweisen können, die bisher kaum beachtet wurde. Ich gehe auf diese spannende Frage, die sich besonders mit einem erst heute möglichen Gottesbild befasst, im letzten Kapitel näher ein.

## Superpositionen und Verschränkungen

Unter Superposition versteht man ein Quantensystem, das in der Überlagerung verschiedener Zustände existieren kann. Der Begriff Verschränkung geht auf den österreichischen Physiker *Erwin Schrödinger* zurück. Er bezeichnete quantenmechanische Systeme aus zwei oder mehr Teilchen, die auf eigenartige Weise miteinander verbunden sind, Verschränkte Systeme (Verschränkungen). Diese Systeme können sogar über große Entfernungen bestehen bleiben.

Seitdem Quantenphysiker in der Lage sind, künstlich Verschränkungen herzustellen und diese zu isolieren, damit keine Wechselwirkungen mit der Umwelt erfolgen können, enträtseln sie immer mehr Geheimnisse der Quantenwelt. In der klassischen Physik setzt sich ein Gesamtsystem aus Untersystemen zusammen, die als separat gelten. Aus ihren Zuständen ergibt sich der Zustand des Gesamtsystems (Separabilität). Beispiel: Ein Getriebe kann ein Gesamtsystem sein, das aus Untersystemen besteht (Zahnräder, Wellen, Achsen usw.). In der Quantenphysik herrschen andere Spielregeln. Wenn künstlich im Labor oder überall in der Natur mindestens zwei Quantenobjekte miteinander verschränkt werden, entsteht ein verschränktes Quantensystem, in dem die einzelnen Quantenobjekte (Untersysteme) weder eigene Eigenschaften noch Zustände besitzen. Eigenschaften kann nur das Gesamtsystem haben, wobei das Ganze mehr als die Summe der Teilchen ergibt.

Verschränkte Quantenobjekte lassen sich, wenn die Isolierung gegenüber der Umgebung gut genug ist, auseinander ziehen. Man kann bereits verschränkte Photonen in Glasfasern mehrere Kilometer voneinander trennen. *Anton Zeilinger* und sein Team in Wien entwickelten eine Methode zur Reinigung von Verschränkungen, die es in Zukunft erlauben wird, Entfernungen zwischen verschränkten Teilchen auf 50 und 100 Kilometer auszudehnen.

## Zusammenbruch der Verschränkung (Dekohärenz)

Eine Verschränkung verhält sich nichtlokal. Die Messung eines der beteiligten Quantenobjekte bewirkt trotz der Entfernung den Zusammenbruch der gesamten Verschränkung. Diesen Vorgang nennt man Dekohärenz. Unbegreiflich bleibt dabei, dass auch das möglicherweise weit entfernte andere Photon ohne Zeitverzug reagiert. Bei der Dekohärenz kommt ein weiterer wichtiger Aspekt der Quantenwelt zur Geltung. Wenn es sich bei den Quantenobjekten z. B. um zwei Photonen handelt (einfachste Verschränkungsmöglichkeit), müssen beim Dekohärenzvorgang beide ihren (»Gemüts«-)Zustand offenbaren. Da das im Quantenbereich nur in ganz bestimmten Abhängigkeiten (Korrelationen) möglich ist, muss das zweite Photon z. B. eine vertikale Polarisation vorweisen, wenn das erste absolut zufällig eine horizontale Polarisation zeigt. Diese zufällige Polarisation beim ersten Photon hat nichts damit zu tun, ob oder wie es in früheren Situationen schon mal verschränkt gewesen ist. Diese Gesetzmäßigkeit, lässt sich bei der Informationsverarbeitung geschickt nutzen (Quantenkryptographie, Quantencomputer, S. 39).

In einem fantasiereichen Vergleich aus menschlicher Größenordnung müssten zwei »verschränkte« Menschen – weit voneinander entfernt – völlig teilnahmslos an ihrem jeweiligen Ort herumsitzen. Wenn einer von ihnen dann von einem Menschen aus der Umgebung begrüßt würde, könnte er – wie von Zauberhand geweckt – aufleben und ein lachendes Gesicht zeigen. Der »mitverschränkte«, aber weit entfernte Partner müsste gleichzeitig aufwachen, jedoch mit einem weinenden Gesicht.

»Ein komplexes System (z. B. eine Blume), das nicht von seiner Umwelt isoliert ist, wird ständig durch die Wechselwirkungen mit dieser Umwelt verschränkt. Lichtstreuung ist nur einer der Mechanismen, der dabei eine Rolle spielt. In unserer klassischen Welt machen wir von der Information zwar keinen Gebrauch, trotzdem tritt Verschränkung um uns herum überall auf. Die damit verbundene Dekohärenz führt dazu, dass wir unsere Umgebung als klassische Welt erleben.« (*Robert Löw und Tilman Pfau,* Verschränkte Welt, S. 91)

Im Laborbereich lernen Forscher die Komplexität bei Verschränkungen immer mehr zu beherrschen und für neue Anwendungen zu nutzen. Dafür möchte ich ein Beispiel bringen, das interessierte Forscher begeistert. Man hat herausgefunden, dass sich die internen Quantenzustände eines Atoms gut dazu eignen, Informationen abzuspeichern.

Leider lassen sich so informierte Atome ohne Zusammenstöße mit anderen Atomen kaum über größere Entfernungen transportieren. Besser geeignet für Informationstransporte sind Photonen (Lichtquanten), die sich in Glasfasern fast verlustfrei bewegen lassen. Deshalb versucht man, Atome als Informationsspeicher und Photonen als Informationstransporteure zu koppeln.

## Wir sehen, weil es Dekohärenzvorgänge gibt

Verschränkte Zustände werden durch Messprozesse oder Wechselwirkungen mit der Umgebung zerstört (Dekohärenz). Bei Objekten, die wir als klassische Makroobjekte bezeichnen, erfolgt die Dekohärenz blitzschnell. Deshalb ist die Dekohärenzwirkung praktisch sofort da, ohne dass wir es bemerken.

Lasst Blumen sprechen: Wenn z. B. ein Lichtteilchen (Photon) mit der richtigen Energie auf ein Atom trifft, das zu einer Blume gehört, kann es in der Atomhülle ein Elektron um eine Energiestufe anheben. Das Photon wird dabei absorbiert (verschluckt). Es entsteht eine Verschränkung, die durch Wechselwirkung mit der Umgebung sofort wieder verschwindet (Dekohärenz). Die Folge davon ist, dass das angeregte Elektron eine Energiestufe zurückspringt (Quantensprung), wobei das absorbierte Photon wieder auf die Reise geschickt wird. Laufen solche Vorgänge (Verschränkungen mit blitzschnell nachfolgenden Dekohärenzvorgängen) in großer Zahl in einem erleuchteten Raum ab und finden etliche Photonen, welche die Blume wegschickt, den Weg zu unseren Augen, werden die Informationen, die sie tragen, weiter bis in unser Gehirn geleitet und können dort vielleicht Freude über die Schönheit der Blume auslösen. Immer wenn unsere Augen etwas sehen, »baden« sie in Photonen, die bei Dekohärenzabläufen entstanden sind.

## Beziehungen zwischen Materie und verschränkten Quantenzuständen

Die erwähnten Beispiele und Vergleiche können nur andeuten, dass in klassischen Objekten, die man sehen und fühlen kann, dauernd sehr viele Quantenvorgänge zu Verschränkungen und Dekohärenzen führen.

»Es zeigt sich dann, dass makroskopische Eigenschaften bestimmter Objekte – nämlich genau solcher Objekte, die wir makroskopisch nennen – nicht, wie man naiverweise annehmen könnte, den Objekten schon von vornherein zukommen, sondern erst durch die irreversible Wechselwirkung mit der Umgebung erzeugt werden. Damit finden lokale klassische Eigenschaften ihren Ursprung in der Nichtlokaltät von (verschränkten) Quantenzuständen. Erst die Art der Wechselwirkung definiert, welches Charakteristikum dann klassisch wird: Objekte erscheinen im Raum lokalisiert, weil die typischen Wechselwirkungen ortsabhängig sind.« (*Erich Joos*, Verschränkte Welt, S. 189/190)

Man könnte fragen, weshalb im Quantenbereich so viele Verschränkungen entstehen, obwohl sie doch durch die Wechselwirkungen mit der Umgebung sofort wieder verschwinden. Treibt die Natur dabei nicht einen unsinnigen und überflüssigen Aufwand, da die Makroteilchen ja sowieso existieren. Diese verbreitete Denkweise gilt als überholt, da nach neuen Erkenntnissen nicht die Makroteilchen den Quanten großzügig eine Spielwiese überlassen, sondern die Makroteilchen erst möglich werden durch das Verschränkungs-Dekohärenz-Spiel der Quanten. Wenn z. B. zwei Photonen verschränkt werden, entsteht bei der Dekohärenz eine Abhängigkeit der Eigenschaften. Erhält das erste rein zufällig eine vertikale Polarisation, muss das zweite eine horizontale Polarisation zeigen. Die Teilchen haben dabei nur einen bescheidenen Freiheitsgrad. Die Abhängigkeit enthält eine Information, die u. a. bei einer Quantenteleportation weitergegeben wird. Werden durch die unzähligen Verschränkungen und Dekohärenzen in unserer Umgebung auch Informationen vermittelt? Die Umgebung einer Verschränkung hat in realistischen Makrosystemen nicht nur einen Freiheitsgrad, sondern viele. Wie soll man da alle Freiheitsgrade eines Gesamtsystems messen? Das aber wäre erforderlich, um an die vollständige Informationsweitergabe zu kommen. Die Umgebung trägt nach der Dekohärenz zwar Informationen über die vorher verschränkten Teilchen, aber man kommt an diese noch nicht heran. Hinter diesem Problem verbergen sich grundlegende Beziehungen zwischen Mikro- und Makrowelt. Da Verschränkungen in Körpern der Makrowelt keine Überlebenschance haben, erfahren wir sie nicht direkt in der uns zugänglichen Form der Materie, die im Wesentlichen nach klassischen Gesetzen abläuft. Sind sie deshalb für die Vorgänge in der Makrowelt bedeutungslos oder können sie trotz ihrer flüchtigen Lebensart auf irgendeine Weise Einfluss nehmen? Diese Frage wird seit Jahren gestellt, da sie für die Grundlagen der Physik, aber auch für die Lösung technischer Probleme, z. B. bei der Herstellung von Quantencomputern, wichtig ist. Wie aus neuen Denkansätzen hervorgeht, kann das damit verbundene Problem sogar Einfluss auf theologische Grundsatzfragen nehmen (S. 137).

## Beeinflussung der Makrowelt durch Quantenvorgänge

Wissenschaftler, die sich mit der Erforschung der Dekohärenz intensiv befassen, gehen davon aus, dass Beeinflussungen stattfinden. Wie diese funktionieren, lässt sich noch nicht genau sagen. Das Problem ist vorwiegend theoretischer Natur. Die zugrunde liegende mathematische Analyse gilt als sehr schwierig. Man weiß wohl, dass es makroskopische Quantenphänomene gibt, bei denen Verschränkungen eine entscheidende Rolle spielen. Nach Ansicht von Experten sind die Einflüsse, die sich durch Zusammenbrüche von Verschränkungen ergeben, entscheidend verantwortlich für das Verhalten makroskopischer Körper. Somit lässt sich die Quantentheorie als eine fundamentale Theorie der Natur begreifen, aus der im Wesentlichen auch die Gesetze der klassischen Physik ableitbar sind. Das Entstehen und Vergehen von Verschränkungen sowie das Wirken anderer Quantenzustände mit ihren Informationen bilden eine Grundlage für das Funktionieren der klassischen Welt.

In makroskopischen Körpern, z. B. in unserem eigenen Körper, entstehen laufend zahlreiche Verschränkungen, die bei Dekohärenz die Umgebung beeinflussen. Dadurch wirken die in der Quantentheorie so wichtigen Zufälle, Abhängigkeiten, Wahrscheinlichkeiten und Unbestimmtheiten in gewisser Weise in die Abläufe der klassischen Welt unseres Körpers hinein (teilweise nach *Heinz-Peter Breuer*, Freiburg).

Wie könnte so etwas praktisch aussehen? Wenn nach Dekohärenzvorgängen die Umgebung Informationen erhält, können damit wohl nur Atome oder Moleküle gemeint sein. Nehmen wir einmal an, dass ein Molekül beeinflusst wird. Dann spielt der absolute Zufall bei möglichen Veränderungen des Moleküls eine große Rolle. Das veränderte Molekül muss nicht weitere Auswirkungen haben. Es kann aber unter Umständen andere Moleküle beeinflussen. Dieser Vorgang würde dann nicht mehr nach quantenphysikalischen, sondern bereits nach klassischen Spielregeln erfolgen. Sollten solche Abläufe z. B. in einer menschlichen Zelle geschehen, wären nach zahlreichen weiteren Beeinflussungsstufen biologische Veränderungen in der Zelle denkbar, die zu einer Fehlentwicklung dieser Zelle führen könnten (z. B. zu einer Krebszelle). Vielleicht würde diese entartete Zelle von der körpereigenen Abwehr sehr schnell vernichtet. Sollte es aber anders kommen und sich daraus Krebs entwickeln, könnte dieser den betroffenen Menschen gesundheitlich schwer schädigen oder sogar seinen Tod herbeiführen. Dies Beispiel zeigt im organischen Bereich eine Möglichkeit an, wie z. B. eine bestimmte Information, die durch absoluten Zufall beim Quantenvorgang Dekohärenz entsteht, als erster Auslöser wirken könnte. In ähnlicher Weise sollen Dekohärenzvorgänge mit ihren absoluten Zufällen in der belebten und unbelebten Natur Abläufe unterschiedlichster Art auslösen. Zwischen auslösenden Dekohärenzvorgängen im Quantenbereich und größeren Wirkungen im Makrobereich liegen noch sehr viele Zwischenstufen. Zurzeit weiß man nur, *dass* durch Quantenvorgänge makroskopische Bereiche der klassischen Physik beeinflusst werden. Es wird noch viel Forschungsarbeit erforderlich sein, bis diese Übergänge zwischen Quanten- und Makrowelt umfassend verstanden werden. In diesen Forschungen steckt vermutlich ein Schlüssel, der eine Tür zu vielen bisher noch nicht erklärbaren Phänomenen öffnet. Philosophisch und theologisch können die derzeitigen Erkenntnisse bereits völlig neue Denkanstöße auslösen.

*Anton Zeilinger* ist der Meinung, dass die Biologie ihre biologischen Systeme noch viel zu klassisch sieht, z. B. die Informationsverarbeitung im Gehirn. Auf die Frage eines Interviewers, ob in einer so komplexen Umgebung wie im menschlichen Gehirn nicht jede Verschränkung zusammenbrechen müsse, antwortete *Zeilinger*:

»Nein. Das hätte ich geglaubt, bis man Quantencomputer-Algorithmen (Anmerkung: Programme) entdeckt hat, die auch unter sehr störenden Bedingungen noch funktionieren. Natürlich sind die Algorithmen bisher noch nicht stark genug, um die riesige Fehlerrate, wie sie in der warmen Suppe in unserem Gehirn auftreten würde, zu korrigieren, aber die Tür ist neu aufgestoßen.« (Die Presse, 22.07.2000, Österreich)

## Einstein-Bose-Kondensat

Das Einstein-Bose-Kondensat, das *Albert Einstein* nach Ideen von *Arbe Bose* vorhersagte, wurde in Gasform erstmals 1995 im Labor erzeugt. Wissenschaftlern vom »National Institute of Standards and Technologie (NIST)« gelang es, kurz über dem absoluten Nullpunkt aus Rubidiumatomen gasförmige Einstein-Bose-Kondensate zu erzeugen, die sich wegen ihrer Größe gut beobachten lassen. Dabei entstanden Bilder von quantenmechanischen Wellenfunktionen. Bei einem solchen Kondensat handelt es sich um einen kollektiven Quantenzustand, der 100 000 Mal ausgedehnter ist als das größte Atom. Er erlaubt den Wissenschaftlern unter extremen Bedingungen ungewöhnliche Forschungsmöglichkeiten im Herrschaftsbereich der

Quanten. Die einzelnen Atome existieren zwar noch, haben aber jede Art von Individualität aufgegeben. Die aufgeblähten Atome sausen nicht mehr wie klassische Kügelchen umher, sondern verhalten sich wie ausgedehnte Wellenpakete, die alle in gleicher Phase schwingen und sich dabei kohärent überlagern. Die Ergebnisse dieser beobachtbaren quantenmechanischen Wellenfunktionen sollen für viele Wissenschaftsgebiete von großem Interesse sein.

Auf der Grundlage solcher Erkenntnisse wagten sich *Wayne Hu* und seine Mitarbeiter von der Priceton University in Amerika an eine verwegene Theorie. Sie vertreten die Ansicht, dass im Universum bei dort üblichen Temperaturen in der Nähe des absoluten Nullpunkts sehr viele riesige Einstein-Bose-Kondensate bestehen, die vor allem für die »Dunkle Materie« (S. 52) verantwortlich sein sollen.

## Vergleiche zwischen klassischer Physik und Quantenphysik

Nach so viel Quantenphysik ist es vielleicht sinnvoll, noch einmal auf die gute, bewährte klassische Physik hinzuweisen. Sie zeigt sich besonders deutlich in der Technik. Zur Unterscheidung der beiden Physikbereiche sollen einige Vergleiche dienen: In der klassischen Physik lassen sich alle Teilchen durch folgende Größen in ihrem zeitlichen Verhalten bestimmen: Ort, Geschwindigkeit, Beschleunigung, Masse, Ladung, Energie und Impuls. Messgeräte sorgen dafür, dass die erwähnten Größen mit der gewünschten Genauigkeit ermittelt werden. So lässt sich z. B. die Kurve einer Rakete erstaunlich genau beschreiben, berechnen und messtechnisch erfassen. Im Rahmen der klassischen Physik ist unser Sonnensystem ein zusammengesetztes System aus mehreren Massepunkten (Planeten), die voneinander isoliert sind. Wenn solche Systeme aufeinander wirken sollen, brauchen sie eine Vermittlung entweder über direkten Kontakt oder Felder (z. B. Gravitationsfelder).

In Quantensystemen gibt es keine getrennten lokalen Ereignisse. Alles geschieht nur am Gesamtsystem. Deshalb gibt es auch Nichtlokalität (S. 30). Wird in einem verschränkten System – mit z. B. zwei weit voneinander entfernten Teilchen – ein Teilchen von außen beeinflusst, so reagiert auch das andere Teilchen ohne Zeitverzug (instantan).

Die Quantenphysik versteht sich nicht als Anhängsel oder Erweiterung der klassischen Physik, sondern als eigene, völlig neue Richtung der Physik. Sie gilt als »Mutterboden« der klassischen Physik. Es geht der Quantenphysik nicht um Wohl und Wehe von Einzelteilchen, vielmehr liegt ihr daran, statistische Aussagen über eine Vielzahl von Teilchen zu machen. Sie kann nicht erklären, warum Teilchen existieren und weshalb diese erzeugt oder vernichtet werden.

Die Vorgänge beim Verschränken offenbaren eine geheimnisvolle Quantenwelt mit ungewöhnlichen Gesetzen, die sogar dem absoluten Zufall eine überragende Rolle zuweisen. Berichte über Quanten, ihr Verhalten und ihre Beziehungen können häufig nicht im Rahmen menschlicher Denkweisen erklärt werden. Dennoch sind sie außerordentlich realistisch und meistens viel präziser als unsere subjektiven Wahrnehmungen in der uns zugänglichen Welt.

## Quanteninformatik

**Prolog:** Die Quanteninformatik entwickelt sich mit großer Dynamik. Sie hat das Potenzial, unser Leben in Zukunft mehr zu verändern, als es die bisherige Computertechnik vermocht hat. Erste Erfolge zeigen bereits, wie geschickt die geheimnisvollen Quantengesetze genutzt werden können. Für die christlichen Kirchen bedeutet die Quanteninformatik eine Herausforderung besonderer Art, da ihre Grundlagen auch religiöse Grundfragen berühren.

### Bedeutung der Quanteninformatik

Die Quanteninformatik befindet sich noch in einem *Pionierstadium*, das vergleichbar ist mit der Anfangszeit der bis heute so erfolgreichen Computertechnik. Was daraus geworden ist, versetzt uns manchmal in Staunen, was sich aber aus der Quanteninformatik noch alles entwickeln wird, können wir zurzeit noch nicht einmal ahnen.

### Grundlagen der klassischen Computertechnik

Die Entwicklung der klassischen Computertechnologien hängt eng mit Fortschritten auf dem Gebiet der Halbleitertechnik zusammen. Transistoren (Mikrokondensatoren) schaffen eine Digitalisierung durch die Schaltmöglichkeiten 0 (Strom fließt nicht) und 1 (Strom fließt).

Die elektronischen Schaltungen haben auf einem modernen Chip inzwischen eine Dichte erreicht, welche die Frage nach Natur bedingten Grenzen aufwirft. Forscher vermuten, dass solche Grenzen in einigen Jahren erreicht sind. Leiterbahnen für den Transport des elektrischen Stromes zu den Transistoren benötigen zurzeit »Atomstraßen« mit einer Breite von etwa 6000 Atomen. Eine natürliche Grenze wäre in Zukunft eine Breite von mindestens einem Atom. Bei der herkömmlichen digitalen Kodierung gilt ein Bit als Grundeinheit der Information. Es wird durch die Werte 0 oder 1 ausgedrückt. Für so ein Bit existiert auf einem Chip ein winziger Kondensator. Für einen Ladevorgang sind etwa 10 000 Elektronen erforderlich.

## Quanteninformatik nutzt Quantenobjekte

Vor einiger Zeit ist ein neues Forschungsgebiet entstanden, das sich Quanteninformatik nennt. In diesem Bereich geht es um neuartige Möglichkeiten zur Sicherung, Verarbeitung und Übertragung von Informationen mit Hilfe von Quanteneffekten. Die Quanteninformatik nutzt Quantenobjekte als Informationsträger. Ihre Bitwerte werden zur Unterscheidung von klassischen Bitwerten mit den Bezeichnungen Quantenbits oder Qubits versehen und in der Quantenschreibweise I 0 > beziehungsweise I 1 > dargestellt.

Die entscheidende Neuerung besteht in der Möglichkeit, durch Verschränkung von Qubits überlagerte Zustände (Superpositionen) zu erzeugen, die man in der klassischen Physik nicht kennt. Die Qubits befinden sich dann in einer Art Schwebezustand, in dem ihre möglichen Eigenschaften noch nicht festgelegt sind.

In einem Quantensystem mit Verschränkung gibt es keine lokalen Ereignisse. Alles geschieht im Gesamtsystem in nichtlokaler Form. Ein Quantencomputer, der noch entwickelt werden muss, soll diese Verschränkungen geschickt ausnutzen und eine kontrollierte Verarbeitung von Quanteninformationen ermöglichen. Experten erwarten in Zukunft von ihm Leistungen, die heute noch unvorstellbar sind. So sollen Rechenvorgänge, für die zurzeit mindestens Jahrhunderte gebraucht werden, in Minutenschnelle lösbar sein.

Wenn man zwei oder mehrere Qubits miteinander verschränkt, gelangen sie in eine Superposition, in der die beteiligten einzelnen Quantenteilchen keine individuellen Eigenschaften mehr besitzen. Sie haben nur noch eine relative Information über ihr Verhältnis zu einander. Die Information steckt also nicht in den Teilchen, sondern in der Beziehung der Teilchen.

In der bekannten Computertechnik bilden sich die Informationen aus einzelnen Bits (0 oder 1), die sich zu Zahlenkolonnen zusammenfügen, um den Prozessor zu erfreuen.

Bei einem Quantencomputer, der das Prinzip der verschränkten Zustände nutzt, gibt es wohl zwei Basiszustände, aber auch alle anderen möglichen dazwischen. Diese völlig neuen Informationsmöglichkeiten können nur verwertet werden, wenn speziell für sie entwickelte Algorithmen (Programme) vorhanden sind. Einige geeignete Algorithmen existieren bereits. Sie erlauben die Herstellung, Analyse, Reinigung, Veränderung und Verbesserung verschränkter Zustände.

Bei der Realisierung geeigneter Quantencomputer ergeben sich noch Schwierigkeiten. Ein besonderes Problem entsteht dadurch, dass verschränkte Systeme sehr empfindlich sind. Sie müssen so isoliert sein (z. B. Photonen in Glasfasern), dass sie keine Wechselwirkungen mit anderen Teilchen aufnehmen können.

Die Quantenkryptographie, die bereits in der Wirtschaft genutzt wird, ermöglicht ein Quantenverschlüsselungssystem, das absolut sicher wirkt (S. 43).

## Mysteriöse Quantenteleportation

Große Probleme bereitet der Transport von Quanteninformationen, da verschränkte Systeme bei erforderlichen Übergängen in andere Bereiche des Computers oder in andere Computer zusammenbrechen.

Die Quantenphysik bietet eine unverständliche, aber eindrucksvolle Lösung an, die man Teleportation (Quantenzustands-Übertragung nennt). Sie kann innerhalb einer Computeranlage, aber auch zwischen unterschiedlichen Anlagen Informationen ohne Zeitverlust übertragen, aber noch nicht direkt nutzen. Die Entfernungen zwischen verschränkten Teilchen dürfen aus rein physikalischen Überlegungen beliebig weit sein, aus technischen Gründen aber können sie zurzeit innerhalb von Glasfasern nur einige Kilometer betragen.

Vor kurzer Zeit ist es dem Team um *Anton Zeilinger* sogar gelungen, verschränkte Photonenpaare durch die Luft über die Donau zu schicken. Die Entfernung zwischen Sender und Empfänger betrug dabei 600 Meter. Interessant wird diese Technik besonders, wenn es gelingt, verschränkte Photonen z. B. zu GPS-Satelliten zu schicken, die in einer Höhe von 20 Kilometern kreisen. Für die verschränkten Photonen ist eigentlich nur die untere dichte Atmosphärenschicht wegen möglicher Zusammenstöße mit Teilchen der Atmosphäre kritisch. (nach *Axel Tillemans*, Bild der Wissenschaft 9/2003)

Durch Teleportationsexperimente mit Lichtteilchen (Photonen) haben *Anton Zeilinger* und sein Innsbrucker sowie Wiener Team ab 1997 weltweit Aufsehen erregt. Bei meinem Besuch im Institut für Experimentalphysik der Universität Wien hatte ich Gelegenheit, Labors zu besichtigen, in denen solche Experimente sowie Versuche mit Fullerenen durchgeführt wurden. Der wissenschaftliche Ideenreichtum, das technische Können und die verlangte Präzisionsarbeit der Wissenschaftler beeindruckten mich sehr.

In einer Quantenteleportationsanlage soll eine Quanteninformation von einem ***Sender***, der mit dem Namen ***Alice*** geschmückt wird, zu einem **Empfänger**, der den Namen ***Bob*** trägt, ohne Zeitverlust (instantan) gelangen.

An einer Quantenteleportation beteiligen sich zwei verschränkte Photonenpaare: (A und B) (TAL und TEL). Trotz der Verschränkung lassen sich **A** und **B** räumlich trennen. Es geschieht vorsichtig über eine Glasfaser, damit die Verschränkung erhalten bleibt. Die verschränkten Teilchen dürfen keine Wechselwirkungen mit Teilchen der Umgebung eingehen, was technisch noch Probleme bereitet. ***Alice*** und ***Bob*** sollen nicht neugierig nachprüfen, welche Polarisation ihr Teilchen hat. Dabei würde die Verschränkung sofort zusammenbrechen. Im Schwebezustand der Superposition besitzen **A** und **B** überhaupt keine Polarisation oder andere individuelle Eigenschaften. Wenn die Verschränkung aber zusammenbricht, z. B. durch eine Messung, werden die verschränkten Photonen A und B entgegengesetzt polarisiert. Erhält A zufällig eine horizontale Polarisation, muss B zeitgleich mit einer vertikalen nachziehen, auch bei größten Entfernungen. Hinter dieser schlichten Aussage verbirgt sich eines der größten Geheimnisse der Naturgesetze.

## Quanten lassen sich beamen

Im Rahmen dieses Buches lässt sich die eigentliche Quantenteleportation nur in sehr vereinfachter Form darstellen. Dabei werden einige nüchterne Begriffe ein wenig verfremdet. So wird z. B. die vertikale

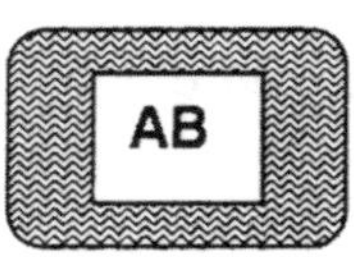


Polarisation durch ein lachendes und die horizontale durch ein weinendes Gesicht ersetzt. Teilchen A und B bilden ein verschränktes Teilchenpaar. Damit ist eine intensive Quantenfreundschaft oder Quantenehe gemeint.

Da die einzelnen Teilchen dann keine individuellen Eigenschaften mehr besitzen, sind im Gesamtsystem alle Eigenschaften gleichzeitig potenziell vorhanden. Jedes Teilchen könnte verborgen gleichzeitig weinen und lachen sowie jeden Zwischenzustand einnehmen.

Nun wird das Teilchenpaar sehr vorsichtig getrennt. In unserem Beispiel gelangt Teilchen B gut isoliert zur Empfangsstation und Teilchen A zum Sender.

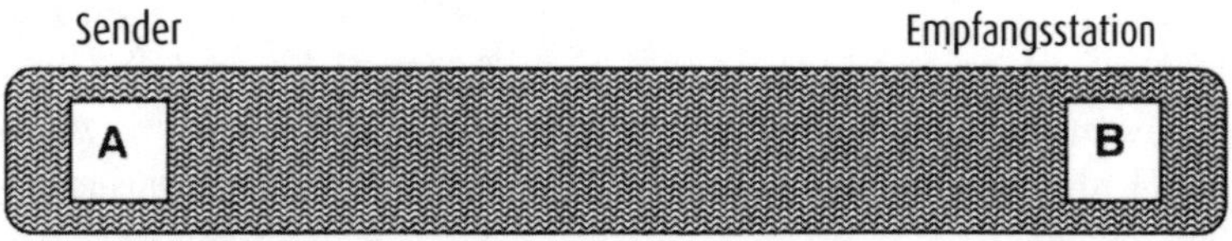


Die Quantenfreundschaft bleibt trotz der Entfernung erhalten.

Aus dem verschränkten Teilchenpaar TAL und TEL wandert TAL zu einem Detektor und meldet, dass TEL nun für eine Teleportation zur Verfügung steht. TEL macht sich auf den Weg zu einem Polarisator und erhält dort eine Polarisation. Dadurch wird die Verschränkung mit TAL aufgehoben. Im Sender erhält Alice Teilchen TEL und A gleichzeitig. Sie kombiniert beide Teilchen. (teilweise nach *Anton Zeilinger:* Spektrum der Wissenschaft, 6/2000)

Teilchen TEL ist nach dem Zusammenbruch der Verschränkung bereits polarisiert. In unserem Fall soll bildhaft vereinfacht rein zufällig ein lachendes Gesicht entstehen.

Teilchen A muss sich nun nach dem neuen Quantenfreund TEL richten, der von Teilchen A verlangt, endlich ein Gesicht zu zeigen. Da Teilchen TEL bereits ein lachendes vorweist, kann nach strenger Quantensitte Teilchen A nur ein weinendes Gesicht anbieten. Dabei zerbricht die vorherige Quantenfreundschaft mit dem in der Empfangsstation befindlichen Teilchen B. Dieses muss nun auch ein Gesicht offenbaren. Da Teilchen A ein weinendes zeigt, kommt für B nur ein lachendes Gesicht in Frage.

Wenn man die Gesichtsausdrücke der drei Teilchen TEL, A und B vergleicht, stellt man fest, dass beim Teilchen B das Lachen von Teilchen TEL angekommen ist.

Die Weitergabe der Eigenschaft Lachen von TEL nach B erfolgt ohne Zeitverlust (instantan).

*Bob* hat in der Empfangsstation zwar mitbekommen, dass sich beim Teilchen B etwas getan hat, aber er kann die Gesichtskonturen noch nicht deuten. Das Gesicht bleibt zunächst maskiert. Ein Telefongespräch (im Rahmen der Lichtgeschwindigkeit) mit *Alice* ist erforderlich, damit er an die Restinformation kommt, die dafür sorgt, dass Teilchen B die Maske abnimmt. Danach besteht kein Eigenschafts- oder Zustandsunterschied mehr zwischen Teilchen TEL und Teilchen B. Deshalb könnte sich Teilchen B nun folgerichtig mit der schöneren Bezeichnung TEL schmücken.

Allerdings ist zu beachten, dass nicht die Teilchen, sondern nur die Teilcheneigenschaften übertragen (teleportiert, gebeamt) werden. Die ursprünglichen Teilchen TEL und A verloren im Innsbrucker Versuch bei der Teleportation ihre Eigenschaften.

Inzwischen haben *Anton Zeilinger* und sein Team in Wien ein Verfahren entwickelt, um mithilfe eines Dämpfers die Zerstörung des Zustands von Teilchen TEL überflüssig zu machen.

Die bildhaft vergleichende Darstellung zeigt zwar relativ anschaulich das Wesentliche der Teleportation (Übertragung von Eigenschaften), sie kann aber die sehr komplizierten realistischen Abläufe nur unvollkommen andeuten.

## Teleportation in der Quanteninformatik

Die Teleportation kann in Zukunft für die Quanteninformatik von grundlegender Bedeutung werden, z. B. für Quantencomputer, wenn die Möglichkeiten der Verschränkungen genutzt werden sollen. Nach Anton Zeilinger besteht bei einem Quantencomputer das Problem, Quantendaten zwischen verschiedenen logischen Gattern oder Prozessoren zuverlässig zu übertragen. Das gilt innerhalb eines einzelnen Computers oder in Quantennetzwerken. Eine Lösung wäre die Quantenteleportation.

## Quantenkryptographie für Datensicherung

Die Empfindsamkeit der verschränkten Zustände führt zwar zu vielen Problemen, sie lässt sich andererseits aber auch wirkungsvoll nutzen, um Daten beim Informationsaustausch zu sichern. Nachrichten können nur dann sicher übermittelt werden, wenn der Schlüssel für die Kodierung geheim bleibt. Die Verschlüsselung nennt man Kryptographie. Vor einer Nachrichtenübertragung soll der Schlüssel geheim vom Sender zum Empfänger gelangen. Unter klassischen Bedingungen kann ein »Horcher« die Schlüsselcode-Information abhören, ohne dass Sender oder Empfänger das »Einklicken« bemerken, so dass die später gesendeten verschlüsselten Nachrichten vom »Horcher« unbemerkt gelesen und entschlüsselt werden können.

Die neue Quantenkryptographie nutzt zur Lösung solcher Probleme eine besonders sichere Methode, die auf der Empfindlichkeit von Verschränkungszuständen beruht. Sollte es einem »Horcher« gelingen, sich unbemerkt in die Schlüsselübertragung einzuschalten, müssten dabei einige Verschränkungszustände zusammenbrechen. Diese Ereignisse würden vom Sender und Empfänger leicht erkannt. Läuft die Schlüsselübergabe ohne Störung ab, können beide anschließend absolut sicher ihre Informationen übertragen.

### Erkenntnisse der Quantenphysik als Grundlage für andere Bereiche der Wissenschaft

Wer sich im Bereich der Quantenwelt eine gewisse Grundkompetenz aneignet, versteht u.a. Denkanstöße, die z.B. in der Philosophie und Theologie oder ganz allgemein bei Sinn suchenden Menschen auf einem erst heute möglichen Niveau erneut die Frage nach Gott und seiner Schöpfungskonzeption stellen. Schon deshalb bekommen die Erkenntnisse der Quantenphysik eine ungewöhnliche Brisanz für die geistigen Strömungen unserer Zeit und vor allem der Zukunft.

## Standardmodell

**Prolog:** In der Teilchenphysik sind fast alle Teilchen und Grundkräfte in einem Standardmodell geordnet. Neben den Teilchen gibt es auch Antiteilchen. Bei den Kräften passen die Gravitationskraft und ihre Austauschteilchen nicht in das Standardmodell.

Teilchen können in Energie zerfallen und Energie kann neue Teilchen hervorbringen.

### Nicht ohne die Quantenphysik

Teilchenphysiker arbeiten mit riesigen Anlagen, die sie Teilchenbeschleuniger nennen und mit denen sie Teilchen auf sehr hohe Geschwindigkeiten bringen, um sie zusammenprallen zu lassen. Ihre Arbeit baut theoretisch auf den Erkenntnissen der Quantenphysik auf und führte ab Anfang der achtziger Jahre zu einem Standardmodell, mit dem sie die meisten Probleme der Teilchenphysik lösen können. In diesem Modell finden sich alle bekannten Materieteilchen und drei der vier Grundkräfte (elektromagnetische Kraft sowie starke und schwache Kernkraft) gut sortiert wieder. Zurzeit weiß man noch nicht, ob und wie die Gravitationskraft eingearbeitet werden kann. Somit bleibt das Standardmodell vorerst eine großartige Leistung der Naturwissenschaft, aber noch ein unvollständiges Gesamtkonzept.

## Endlich Ordnung im Teilchenzoo

Jedes Teilchen besitzt ein Antiteilchen. Zwei Beispiele sollen das erläutern: Das Antiteilchen des Elektrons nennt sich Positron und ist positiv geladen, das Gegenstück zum Proton heißt Antiproton und glänzt mit einer Minusladung

Prallt ein Teilchen mit seinem Antiteilchen zusammen, vernichten sich beide zu reiner Energie.

»Würde ein Mensch aus Materie einem aus Antimaterie die Hand reichen, gäbe es eine Explosion, die 50000mal so stark wäre wie die Atombombe von Hiroshima.« (*Brigitte Röthlein*, BdW 12/99)

Von den sechs unterschiedlichen *Quarks* sind vier so instabil, dass wir sie praktisch nicht zur Kenntnis nehmen. Aus den zwei beständigen Quarks mit den sinnigen Namen »up« und »down« bauen sich die Protonen und Neutronen auf. Zu einem Proton gehören die drei Quarks up – up – down und zum Neutron die Quarks up – down – down.

Von den sechs Leptonen sind vor allem das elektrisch negative Elektron und mit erheblichen Abstrichen das positiv geladene Antiteilchen Positron interessant.

Die vorgestellten Teilchen werden nicht als isolierte Teilchen gesehen, sondern im Sinne der Quantenphysik als solche, die in Strukturen und Wechselbeziehungen eingebunden sind.

Die vier Grundkräfte (Gravitations-, elektromagnetische, starke und schwache Kernkraft) werden wirksam durch Austauschteilchen. Stark vereinfacht lässt sich ein Austauschteilchen mit einem Ball vergleichen, der nach bestimmten Regeln zwischen Spielern bewegt wird. Auf einem Tennisplatz bringt und hält z. B. ein Tennisball zwei Spieler zusammen.

Die Gravitationskraft (Schwerkraft) passt nicht in das Standardmodell. Sie hat immer, ohne Rücksicht auf elektrische Ladungen, eine charmante, anziehende Wirkung mit großer Reichweite und ist in dieser Weise universell tätig.

Die Stärke dieser Kraft bleibt vergleichsweise gering und nimmt mit zunehmender Entfernung ab. So ist z. B. die starke Kernkraft $10^{40}$ mal so stark. Die Austauschteilchen der Gravitationskraft nennt man Gravitonen. Sie nehmen Wechselwirkungen mit allen anderen Teilchen auf, sogar untereinander.

Die elektromagnetische Kraft wirkt nicht so universell wie die Schwerkraft, da sie von elektrischen Ladungen abhängt, aber sie ist erheblich stärker. Ihre Wirkung erstreckt sich ebenfalls über große Entfernungen. Elektromagnetische Kräfte werden durch Photonen (Austauschteilchen) übertragen, die nur an elektrisch geladene Teilchen ankoppeln. Da elektrische Ladungen positiv oder negativ sind, können sie sich gegenseitig neutralisieren, so dass im Universum die schwächere Gravitationskraft stärker zur Geltung kommt.

Die starke Kernkraft macht ihrem Namen alle Ehre, wirkt aber nur auf Entfernungen bis $10^{-10}$ Millimeter (1/10 000 000 000 mm). Sie bindet die Quarks und hält Neutronen und Protonen im Atomkern zusammen. Die Austauschteilchen nennt man Gluonen (englisch »glue«, Klebstoff). Die »Tennisspieler« Quarks schlagen sich auf den »Spielflächen« der Protonen und Neutronen unentwegt Gluonen als Bälle zu, die für die gewaltige Bindekraft verantwortlich sind. Die starke Kernkraft nimmt im Rahmen ihres Wirkungsbereichs mit zunehmendem Abstand nicht ab, sondern zu und zeigt dabei eine gewisse Ähnlichkeit mit einem kräftigen Gummiband. Wer die starke Kernkraft überwinden und die Quarks auseinander reißen will, benötigt dafür mehr Energie als für die Erzeugung neuer Quarks aus Energie erforderlich ist. Deshalb sind auch einzelne Quarks, die als »Singles« ihr »Leben« fristen möchten, nicht bekannt.

Die schwache Kernkraft ist für einige Kernreaktionen verantwortlich. Sie hat von ihrer Stärke her mehr zu bieten als die Gravitationskraft, aber weniger als die elektromagnetische Kraft und erheblich weniger als die starke Kernkraft. Der Wirkungsbereich ist sehr begrenzt, denn er reicht nicht weiter als $10^{-17}$ Millimeter. Die schwache Kernkraft kann z. B. ein Neutron in ein Proton verwandeln. Gleichzeitig erzeugt sie ein Elektron und ein Antineutrino, die den Atomkern unverzüglich verlassen müssen. So etwas kann keine der anderen Kräfte leisten. Als Austauschteilchen treten elektrisch geladene $W^+$- und W-Teilchen sowie neutrale Z-Teilchen in Aktion. W steht für »weak«, schwach, und Z für »zero«, null.

Jahrzehntelange Forschungsarbeit mit Teilchenbeschleunigern führte zum Standardmodell, in dem auch Hunderte vorher unbekannter Teilchen wohl sortiert ihre »Heimat« fanden.

## Das Vakuum, das gar nicht leer ist

**Prolog:** Selbst das beste Vakuum ist nicht vollständig leer, sondern noch voller Dynamik. Die Forscher entdeckten im Vakuum eine seltsame Science-Fiction-Welt.

### Gewimmel im Vakuum

Die Vakuumforschung hilft uns, moderne Denkweisen der Physik besser zu verstehen und etwas mehr darüber zu erfahren, was in der Urknallphase oder eventuell sogar vorher geschah.

Was inzwischen als Vakuum in technisch optimalen Vakuumkammern der Forschung und Hochtechnologie möglich ist, kommt der Vorstellung von einem wirklich leeren Raum schon ziemlich nahe. Ein absolut ideales Vakuum lässt sich aber weder heute noch in Zukunft erreichen. Wenn es gelingen würde, auch noch das letzte Materieteilchen aus einer Vakuumkammer zu saugen, wäre diese im physikalischen Sinne immer noch nicht leer, da die vorhandene Strahlung sich nicht vollständig entfernen lässt.

Während Menschen Vakuumräume mit erheblichem Aufwand herstellen müssen, gibt es im Universum unvorstellbar große Leerräume. Astronomen konnten z. B. in riesigen Regionen zwischen Galaxien nicht die geringste Spur für Materie entdecken. Außerdem befinden sich innerhalb von Galaxien große Bereiche mit sehr geringen Materieanteilen. Auch in atomaren Größenordnungen spielen materiefreie Vakuen eine Rolle.

### Wellen und Elektromagnetische Teilchen

Die elektromagnetischen Wellen benötigen kein Übertragungsmedium wie Schallwellen. Sie bewegen sich mit Lichtgeschwindigkeit im Vakuum. Zu ihnen gehören z. B. Radiowellen, Mikrowellen, sichtbares Licht sowie Infrarot-, Ultraviolett-, Röntgen- und Gammastrahlen. Alle unterschiedlichen Arten der elektromagnetischen Strahlung bezeichnet man häufig vereinfacht als Licht. *Einstein* erkannte, dass dieses Licht nicht nur aus klassischen Wellen besteht, wie die Wissenschaft damals meinte, sondern dass die vom Licht mitgeführte Energie in Energieportionen (Lichtquanten) vorkommt, die er Photonen nannte. Damit zeigt Licht Wellen- und Teilchencharakter. Die Photonen sind masselos, In ihr »Geschäftsgebaren« bringen sie zwar keine elektrische Ladung ein, wohl aber einen Drehimpuls, den man Spin nennt. Photonen sind äußerst wichtige, aber sehr seltsame Geisterteilchen: Ohne Masse und elektrische Ladung irren sie mit einem Drehimpuls und einer Geschwindigkeit überall um uns herum. Am liebsten geben sie Informationen weiter. Jedes Photon zeigt sich mit charakteristischer Frequenz, Wellenlänge und Energie.

### Weshalb ist ein Vakuum nicht leer?

Könnte man sämtliche Teilchen und elektromagnetischen Felder aus einem Vakuumraum entfernen, wäre er wirklich leer. In der Quantenphysik ist aber ein dafür geeigneter »Staubsauger« nicht denkbar. Auch ein völlig abgedunkelter Behälter, der bei tiefstmöglichen Temperaturen das bestmögliche Vakuum besitzt, enthält immer noch eine gewisse Strahlung, denn der absolute Nullpunkt ist kaum erreichbar, so dass die Behälterwände geringe Temperaturen behalten. Selbst bei einer Minimaltemperatur von 0,00005 Grad Kelvin senden die Behälterwände noch eine winzige Wärmestrahlung im Ultrakurzwellenbereich in das Vakuum. In einem Vakuum gibt es also auch unter Extrembedingungen stets elektromagnetische Felder, die schwache Energieschwankungen (elektromagnetische Fluktuationen) zeigen.

## Stringtheorie

**Prolog:** Unter mehreren Theorien hat die Stringtheorie zurzeit die besten Chancen, eine umfassende Theorie der Physik zu werden.

Physiker sehnen sich schon seit Jahrzehnten nach einer übergeordneten Theorie, in der sowohl die Relativitätstheorie als auch die Quantentheorie eine »Heimat« finden können. Zurzeit sind beide Theorien noch nicht miteinander vereinbar, obwohl jede von ihnen im eigenen Wirkungsbereich eindeutig nachweisbare gültige Ergebnisse vorweisen kann. Vielleicht entwickelt sich die Stringtheorie zu so einer umfassenden Theorie. Sie ersetzt die bekannten punktförmigen Elementarteilchen durch eindimensionale Strings. Ein String kann offen wie ein Faden oder geschlossen wie eine Schlaufe sein. Er soll etwa $10^{-33}$ Zentimeter (Plancklänge) messen. Damit ist er 100 Milliarden Mal kleiner als ein Proton. Das bedeutet: Werden

$10^{33}$ = 1 000 000 000 000 000 000 000 000 000 000 000 Strings aneinander gereiht, ergibt sich eine Länge von einem Zentimeter.

Durch unterschiedliche Schwingungen der Strings wie bei Gitarrenseiten sollen alle Eigenschaften von Partikeln wie Masse, Ladung und Spin sowie die vier elementaren Grundkräfte (elektromagnetische, starke und schwache Kraft sowie die Gravitation) entstehen. Allerdings brauchten die Wissenschaftler für die Funktionstüchtigkeit ihrer Vorstellungen unvorstellbare zehn Dimensionen (Zeit und neun Raumdimensionen). Aus fünf Theorien mit schwingenden Fädchen entwickelte *Edward Witten* 1995 ein übergeordnetes Gedankengebäude, in dem alle fünf Theorien als Teile eines größeren Zusammenhangs wirken können. Diese umfassende Theorie nannte er M-Theorie (Mutter aller Theorien). Danach stellt man sich Strings auch als schwingende winzige Membranen vor, die sich z. B. als zweidimensionale Scheiben in einem dreidimensionalen oder als dreidimensionale Teilchen in einem vierdimensionalen Superraum bewegen. Solche Strings werden auch Branen genannt.

Das Problem der Stringtheorie besteht u. a. darin, dass sie immer komplizierter wird und die Forscher keine experimentellen Beweise auf den Tisch legen können. Dafür würden Teilchenbeschleuniger in der Größe des Universums benötigt. Die M-Theorie funktioniert nur dann, wenn 11 Dimensionen (Zeitdimension und 10 Raumdimensionen) berücksichtigt werden. Man geht davon aus, dass sich von den zunächst vollständig zusammengerollten Dimensionen beim Urknall nur vier (die Zeit und drei Raumdimensionen) ausgedehnt haben. Die restlichen blieben zusammengerollt. Sie sind als winzige Knäuel in Stringgröße zu klein für Messgeräte. Experten hoffen, dass in Zukunft die noch offenen Fragen gelöst werden, weil die Stringtheorie immerhin das Potenzial besitzt, alle elementaren Fragen der Physik zu erfassen.

# 3. Kapitel
# Wege in den Makrokosmos

**Prolog:** Zunächst geht es um die kosmische »Heimatforschung«, die sich auf unser Sonnensystem bezieht. Dann werden Strukturen von unserer Galaxis bis hin zu Superhaufenkomplexen beschrieben sowie Schwarze Löcher, Dunkle Materie und andere heimliche oder unheimliche Strukturen des Universums vorgestellt.

## Unser Sonnensystem

**Prolog:** Der Mond verhindert durch die Stabilisierung der Erdrotationsachse zu große Klimaschwankungen. Die Sonne ist natürlich von größter Bedeutung für die Erde und die anderen Planeten unseres Sonnensystems.

### Der Mond ist aufgegangen

Erde und Mond üben durch die Gravitation einen wohltuenden Einfluss aufeinander aus. Die größere Masse und damit die stärkeren Anziehungskräfte der Erde zwingen den Mond zu einer ellipsenförmigen Umlaufbahn. Der Mond revanchiert sich, indem er Ebbe und Flut bewirkt und Wölbungen des Festlandes bis zu dreißig Zentimeter verursacht. Eine besonders wichtige Aufgabe erfüllt der Mond für die Erde, indem er ihre Rotationsachse stabilisiert. Bei einer instabilen Achse hätte die Erde wesentlich größere Klimaschwankungen erleiden müssen, so dass die Entfaltung des Lebens erheblich gestört oder sogar unmöglich gemacht worden wäre. Unter diesem Aspekt können wir den Mond mit auf die fast endlos lange Liste der Bedingungen setzen, denen wir unsere menschliche Existenz verdanken.

### Hab' Sonne im Herzen

Die Sonne, die uns mit Licht- und Wärmestrahlen beglückt, hat einen Durchmesser von etwa 1,39 Millionen Kilometern und eine Masse, die etwa der von 333 000 Erdmassen entspricht. Schon seit 4,6 Milliarden Jahren sendet sie ihre Strahlen aus, die entstehen, weil im Sonnenzentrum Wasserstoffgase wegen riesiger Drücke und Temperaturen von etwa 16 Millionen Grad unter Freisetzung gewaltiger Energiemengen zu Helium verschmelzen. Bis der nutzbare Wasserstoffvorrat (etwa 10 % des gesamten Wasserstoffs) verbraucht ist, vergehen noch etwa 2,7 Milliarden Jahre.

### Planeten im Bannkreis der Sonne

Die Planeten des Sonnensystems, zu denen auch die Erde als aktives Mitglied zählt, leuchten selbst nicht. Sie lassen sich nur beobachten, wenn sie Sonnenlicht reflektieren.

Von der Sonne aus betrachtet ergibt sich folgende Reihenfolge der Planeten: Merkur, Venus, Erde, Mars, Jupiter, Saturn, Uranus, Neptun und Pluto. Jupiter, Saturn, Uranus und Neptun bringen mehr Masse auf die »kosmische Waage« als die Erde, alle anderen bieten weniger.

Zwischen Mars und Jupiter befindet sich ein Asteroidengürtel. Außerhalb davon leistet sich unser Sonnensystem noch ein Depot mit Billionen von Kometen, genauer gesagt von Kometenkernen, die als »schmutzige Schneebälle« nur darauf warten, durch Zusammenstöße mit anderen so kräftig geschubst zu werden, dass sie auf langen Ellipsenbahnen um die Sonne reisen dürfen, wobei sie für einen Umlauf Hunderttausende von Jahren gebrauchen. Dieser Kometenkernbereich wird Oortsche Wolke genannt. Das Nachbarsonnensystem Alpha Centauri befindet sich von der Erde etwa 4,2 Lichtjahre entfernt. Andere Kometenkerne lagern im Kuipergürtel, der sich als flacher Ring an die Neptunbahn anschließt. Gelangen aus diesem Depot Kometenkerne auf etwa 200 Jahre dauernden Umläufen in die Nähe der Sonne, können sie »aufwachen« und »erblühen«. Die Sonne sorgt dann dafür, dass sich ein solcher Komet mit Hülle und Schweif »bekleidet«.

## Von Sternen über Galaxien bis zu Superhaufenkomplexen

**Prolog:** Wer sich in unserer Zeit mit religiösen Fragen befasst, erfährt durch Einblicke in das Universum eine neue Dimension für religiöse Vorstellungen. Die unterschiedlichen Strukturen des Universums wie Dunkle Materie, Dunkle Energie, Galaxien, Galaxiengruppen, Galaxienhaufen, Wolken, Superhaufen und Superhaufenkomplexe werden kurz vorgestellt. Unser Standort innerhalb dieser Strukturen soll nicht unerwähnt bleiben.

## Sterne und Galaxien

Wer in einer sternklaren Nacht mit bloßen Augen oder mit Unterstützung eines Teleskops den Himmel betrachtet, entdeckt eine riesige Zahl unterschiedlich heller Himmelskörper. Es handelt sich um Planeten oder Monde unseres Sonnensystems, die leuchten, weil sie Sonnenlicht reflektieren, und um selbst leuchtende Sterne (Sonnen).

Die Astronomen kennen inzwischen wichtige Zusammensetzungen und Verhaltensweisen der Planeten sowie vieler Sterne mit unterschiedlichen Massen. Sie unterscheiden dabei z. B. Planeten, Sterne wie unsere Sonne, Doppelsterne, Sterne in Haufen, Weiße Zwerge, Rote Riesen und andere.

Um etwas Ordnung in die Vielfalt zu bringen, lässt sich eine mögliche Rangordnung aufstellen: Gemeinsam mit acht anderen Planeten umkreist unsere Erde eine Sonne, die nur eine von etwa 100 Milliarden Sternen in unserer Galaxis ist. Nur diese darf sich, vom Namen Milchstraße abgeleitet, Galaxis nennen. Jede andere erhält die Bezeichnung Galaxie. Im gesamten Universum treiben viele Milliarden Galaxien ihr kosmisches Spiel.

In unserer Galaxis rotieren etwa 100 Milliarden Sterne um ein Zentrum. Wenn sich von diesem Zentrum aus Licht in die Richtung unseres Sonnensystems auf den Weg macht, ist es trotz seiner Geschwindigkeit von 300 000 Kilometer pro Sekunde etwa 28000 Jahre unterwegs. Eilt es an uns vorbei, um den Rand der Galaxis zu »besuchen«, hat es beim »Vorbeiflug« etwa zwei Drittel des Weges geschafft. Das Licht benötigt von der Sonne bis zur Erde nur etwa acht Minuten.

Neben den »ausgewachsenen« Galaxien existieren in etwa zehnfacher Menge so genannte Zwerggalaxien. Die sternenärmsten dieser Art können nur einige Millionen Sonnen vorweisen. Kommen sich zwei ähnlich große Zwerggalaxien sehr nahe, sprechen die Astronomen feinfühlig von Verschmelzung. Gelangt aber eine Zwerggalaxie in das Gravitationsfeld einer »ausgewachsenen« Galaxie, bezeichnen sie das weitere Geschehen als »Kannibalismus«.

## Geheimnisvolle Dunkle Materie

Unser Sonnensystem bewegt sich mit etwa 220 Kilometer pro Sekunde um das Zentrum der Galaxis. Dabei entstehen Fliehkräfte, die von Gravitationskräften ausgeglichen werden. Was unser Sonnensystem »erlebt«, erfahren auch die anderen Sterne sowie Gas- und Staubmassen. Wenn Kosmologen all ihre Massen zusammenzählen, kommen sie zu einem seltsamen Ergebnis: Die Gesamtmasse ist viel zu gering, um die Galaxis zusammen zu halten. Sie müsste etwa zehnmal so groß sein. Wo ist die fehlende Masse? Woraus besteht sie? Ihre seltsame Masse, die 90 Prozent der Galaxismasse ausmacht, aber nicht erkennbar ist, heißt »Dunkle Materie«. In einigen Galaxienhaufen muss die Masse sogar bis zu 99 Prozent aus Dunkler Materie bestehen. Ähnliche Werte für Dunkle Materie (90 bis 99 Prozent) sollen in allen Galaxien des Universums zu finden sein. Ein bestimmter Anteil der Dunklen Materie kann aus ganz normaler Materie aufgebaut sein, wenn ihre Objekte zu klein und zu weit entfernt sind, um von Teleskopen erkannt zu werden. Nach einer relativ neuen Theorie könnte sie überwiegend aus riesigen Einstein-Bose-Kondensaten (S. 36) bestehen.

Während sich ein Großteil der normalen Materie zu Sternen oder Planeten verdichtet hat, scheint sich die Dunkle Materie nicht so zu konzentrieren, sondern wesentlich gleichmäßiger den Raum zu füllen. Sie verrät ihre heimliche Anwesenheit dadurch, dass sie der Gravitationskraft gehorcht.

Unsichtbar hält sie die sichtbare Materie des Universums zusammen. Als Dunkle Materie sendet sie leider kein Licht aus, lenkt aber wegen ihrer Schwerkraft Licht ab. Wechselbeziehungen zwischen beiden Materiearten gibt es also nur über die Schwerkraft (Gravitation).

## Rätselhafte Dunkle Energie

Astrophysiker und Kosmologen haben es schwer: Die Erforschung der Dunklen Materie ist noch längst nicht abgeschlossen, da sind bereits neue dunkle Wolken in Gestalt »Dunkler Energie« am Forschungshimmel aufgezogen.

Das Universum soll sich seit etwa 7 Milliarden Jahren mit stetig zunehmender Geschwindigkeit ausdehnen. Als Grund für die zunehmende Ausdehnungsgeschwindigkeit hat man eine Energie ausgemacht, die der Schwerkraft entgegenwirkt. Sie lässt sich bisher nur indirekt nachweisen. Deshalb hat sie zunächst den Namen »Dunkle Energie« erhalten.

Die theoretischen Physiker *Paul Steinhardt*, *Jeremiah Ostriker* und *Christoff Wetterich* vertreten die Meinung, dass es ein bisher noch unbekanntes und experimentell nicht nachgewiesenes Quantenkraftfeld geben muss, das der Gravitation entgegenwirkt. Sie haben es selbstbewusst »Quintessenz« genannt. Dieses Kraftfeld kann nach ihrer Ansicht mit der Materie Wechselwirkungen aufnehmen, wodurch es im Laufe der Zeit immer stärker wird. Damit wollen sie auch die seit etwa 7 Milliarden Jahren zunehmende Ausdehnungsgeschwindigkeit des Universums erklären (nach *Ulrich Schnabel*, Irgendwie Dunkel, Die Zeit Nr. 16, 11.04.01, S. 29).

## Galaxiengruppen

Die folgende Einteilung der Größenordnungen oberhalb von Galaxien entbehrt nicht einer gewissen Willkür, da die Entstehung, Zusammenhänge und Beziehungen dieser Strukturen noch nicht richtig verstanden werden. Dennoch scheint sie nach Ansicht von Kosmologen beim derzeitigen Kenntnisstand vernünftig zu sein.

Bei Gruppen von Galaxien handelt es sich um kleinere Ansammlungen, die sich mit Geschwindigkeiten von 100 bis 200 Kilometer pro Sekunde um einen Schwerpunkt bewegen. Kleinere Galaxien finden manchmal als Satelliten größerer ihre Schwerkraft bedingte »Erfüllung«.

Unsere Galaxis gehört zu einer so genannten »Lokalen Gruppe«, die von einer Spiralgalaxie (Andromedagalaxie) beherrscht wird.

Neben unserer nach kosmischen Maßstäben zweitrangigen Galaxis (Milchstraße), die mit der Andromedagalaxie ein Paar bildet, finden sich in der Lokalen Gruppe noch eine schwächere Spiralgalaxie, einige etwas unauffällige elliptische Galaxien und Zwerggalaxien. Insgesamt kann die Lokale Gruppe mit 26 Galaxien aufwarten.

## Galaxienhaufen

Im Gegensatz zu Galaxiengruppen sind Galaxienhaufen erheblich dichter strukturiert und enthalten mehr Galaxien, etwa hundert bis tausend. Sie bewegen sich mit Geschwindigkeiten um 1000 Kilometer pro Sekunde.

Von der Form her präsentiert sich eine Haufenart in unregelmäßiger, wirrer Gestalt, während eine andere die elliptische Form bevorzugt. Haufen und kleinere Strukturen werden von der Gravitation so gut zusammengehalten, dass sie sich innerhalb ihrer Strukturen nicht ausdehnen. Größere Strukturen werden aber durch das kosmische Ausdehnungsbestreben auseinander gezogen.

## Wolken und Superhaufen

Während Galaxienhaufen ihre Durchmesser von 10 Millionen bis 20 Millionen Lichtjahre relativ stabil halten, streben Wolken (Durchmesser um 30 Millionen Lichtjahre) und Superhaufen (Durchmesser mindestens 100 Millionen Lichtjahre) auseinander. Superhaufen enthalten etwa 10 000 Galaxien. Eine Zeit lang hielten Astronomen sie für die größten Strukturen im Universum, bis noch größere entdeckt wurden.

## Superhaufenkomplexe

Sprachlich hat man Strukturen, die noch größer sind als Superhaufen, in den Begriff »Superhaufenkomplexe« gezwängt. Diese bilden gigantische Mauern und können Ausdehnungen bis zu einer Milliarde Lichtjahren erreichen.

## Es war einmal

Astronomische Beobachtungen sind seit Jahrzehnten außerordentlich erfolgreich. Mit Hilfe des »Hubble-Teleskop« und anderer Teleskope für den Licht-, Radio- und Mikrowellenbereich können Astronomen ihre Neugier inzwischen weit in das Universum hinein tragen. Ihre Beobachtungen haben jedoch einen Haken: Die Strahlen, die in die Teleskope gelangen und dort ihre »Geschichten erzählen«, mussten sich während ihrer langen »Wanderschaft« an die Lichtgeschwindigkeit halten. So kommen z. B. Strahlen aus dem Andromedanebel erst jetzt bei uns an und berichten über Ereignisse, die dort vor etwa zwei Millionen Jahren stattfanden. Wenn Astronomen ein Teleskop auf einen weit entfernten hellen Bereich richten, sehen sie, was sich dort vor Millionen oder Milliarden Jahren abspielte. Was aber aus diesen Himmelskörpern inzwischen geworden ist, können sie nur vermuten.

Astronomen sind demnach in besonderem Maße kosmische Historiker. Die moderne Kosmologie geht noch viel weiter, denn sie möchte besonders gern wissen, wie das Universum entstanden ist, sich bis heute entwickelt hat und sich in Zukunft verhalten wird. Diese kosmische Evolution ist ein Thema des nächsten Kapitels.

# 4. Kapitel
# Evolution

## Evolution des Universums

**Prolog:** Ganz allgemein versteht man unter Evolution Entwicklung und Entfaltung. Damit kann gemeint sein, dass sich etwas entfaltet, was bereits verborgen vorhanden ist, z. B. das Entrollen einer Tapete oder das Abspielen einer Videokassette. In diesem Kapitel wird unter Evolution eine Entwicklung verstanden, deren Ergebnisse größtenteils nicht vorhersagbar sind. Das gilt sowohl für die bisherige Evolution des Universums als auch für die des Lebens auf der Erde sowie für die zukünftige.

Die Evolution des Universums begann mit dem Urknall vor 13,7 Milliarden Jahren. Seit etwa 7 Milliarden Jahren soll sich die Ausdehnung zunehmend beschleunigen. Es werden verschiedene Modellvorstellungen über den Urknall und über die weitere Entwicklung bis heute vorgestellt.

## Vorwärts zum Urknall zurück

**Prolog:** Trotz erstaunlich präziser Kenntnisse über die Urknallphase bleibt den Forschern der eigentliche Beginn des Universums noch rätselhaft. Einige Modellvorstellungen werden erläutert.

### Am Urknall kommt man nicht vorbei

Es bedurfte einer langen Entwicklung, bis aus dem Frühstadium des Sonnensystems heraus ein Planet namens Erde mit der »richtigen« Größe, den »geeigneten« Elementen und einem stabilisierenden Mond eine günstige Umlaufbahn um die Sonne entdeckte.

Die Entstehung unseres Sonnensystems wiederum hing eng mit Vorgängen in unserer Galaxis zusammen, die ihrerseits gemeinsam mit Milliarden anderer Galaxien eine abenteuerliche Entwicklungsgeschichte vorweisen kann.

Wenn man die Evolution in dieser Form immer weiter zurückverfolgt, kommt man schließlich beim Urknall an, von dem die meisten

Forscher ausgehen. Aber, was versteht man darunter in der modernen Kosmologieforschung? Diese Frage ist in der Naturwissenschaft seit mehreren Jahren besonders spannend geworden. Die Erkenntnisse und Vorstellungen der Kosmologen erhalten zunehmende Bedeutung auch für gläubige Menschen, die von der Existenz eines Gottes ausgehen: Denn ihr mögliches Gottesbild wird davon beeinflusst.

## Auswahl einiger Modellvorstellungen zur Entstehung des Universums

Die moderne Kosmologie ist eine komplizierte Wissenschaft. Sie erzielte bisher große Erfolge. Wichtige Grundfragen bleiben aber weiterhin ungeklärt, obwohl interessante und wissenschaftlich gut fundierte Theorien mit ihren Modellvorstellungen sich immer weiter an akzeptable Antworten herantasten. Relativ große Einigkeit besteht darin, dass es vor etwa 13,7 Milliarden Jahren einen Urknall gab. Was bereits wenige Sekundenbruchteile nach dem Beginn geschah, lässt sich wissenschaftlich erstaunlich genau rekonstruieren. Rätselhaft bleibt weiterhin, was sich davor in den allerersten Augenblicken abspielte.

Einsteins Relativitätstheorie erlaubte (ab 1922) bereits die Vorstellung von einem ersten absoluten Beginn unseres Universums in einem Punkt (Urknall-Singularität) ohne Raum und Zeit sowie mit unendlicher Dichte und Temperatur. Gegen dieses Nichts im absoluten Anfang wandten sich im Laufe der Zeit immer mehr Wissenschaftler, da nach ihrer Meinung die Masse des Universums keinesfalls in einem Nichts zusammengepresst gewesen sein konnte. Für sie bestand das so genannte Nichts aus einem instabilen Grundzustand, der mindestens das Wenigste, das die Gesetze der Physik verlangten, zur Verfügung hatte. Aus diesem Grundzustand, der von vielen Kosmologen auch Quantenvakuum genannt wird, soll sich durch den Urknall das Universum gebildet und entwickelt haben.

Etliche Kosmologen gehen von einem absoluten Beginn der Zeit im Urknall aus. Fragen nach dem Vorher halten sie für sinnlos. In modernen Weltmodellen stellen Kosmologen dennoch diese Frage und versuchen sie zu beantworten.

Sie sind der Ansicht, dass gleichzeitig mit dem Urknall auch die Zeit mit einem Zeitpfeil begann. Doch, was ist eigentlich Zeit? Nach *Albert Einstein* ist die Zeit abhängig von Bezugssystemen und damit relativ. Physiker setzen die Zeit nicht mehr absolut. Sie unterscheiden eine makroskopische und mikroskopische Zeitskala. Wenn man z.B. aus einer unter Druck stehenden Gasflasche Gas in einen geschlossenen Behälter strömen lässt, hat dieses während des Strömens einen Zeitpfeil, bis sich ein Gleichgewicht eingestellt hat. Makroskopisch geschieht dann nichts mehr, sodass der Zeitpfeil aufhört zu existieren. Untersucht man dann aber auf mikroskopischer Ebene das Verhalten der Gasbestandteile, so zeigen die einzelnen Gasteilchen völlig unterschiedliche, ungerichtete Bewegungen. Jedes Teilchen kann einen eigenen Zeitpfeil beanspruchen. In lokalen Bereichen bleiben also auch dann noch Zeitpfeile erhalten, wenn der makroskopische Zeitpfeil verschwindet. Mit einigen Einschränkungen lässt sich dieses Beispiel auf das Universum übertragen. Das Universum ist natürlich kein geschlossener Behälter, sondern im Prinzip ein offenes System. Deshalb konnte das Universum bisher noch keinen stabilen Gleichgewichtszustand erreichen. Es entstehen immer neue Unordnungsgefälle, die dafür sorgen, dass der Zeitpfeil bleibt. Diese Erläuterungen waren erforderlich, um auf den Ursprung des Zeitpfeils zurück zu kommen.

Vor dem Urknall kann im Rahmen einer Quantengravitation ein makroskopisch zeitloser Grundzustand existiert haben, in dem mikroskopisch Quantenfluktuationen möglich und üblich waren. Als diese nun im Quantenvakuum durch Zufallsschwankungen gewisse Größen überschritten, konnten sie sich von ihrer makroskopisch gleichförmigen Umgebung abnabeln und durch einen Urknall unser Universum bilden. In diesem Moment entstand dann der erwähnte makroskopische Zeitpfeil. In gleicher Weise können schon viele Universen (Multiversum) entstanden sein und noch weitere neue entstehen (nach *Rüdiger Vaas:* Bild der Wissenschaft, 4/2003 und 10/2004).

*Andrej Linde* entwickelte eine Theorie, die ein riesiges Multiversum beschreibt. Darin soll unser Universum »nur« eine unter vielen Blasen sein. Wenn in einer solchen Blase die Inflation (sehr schnelle Ausdehnung des Raumes) beendet ist, verstärken sich die Skalarfelder in anderen Bereichen, wo sie unter bestimmten Bedingungen eine neue Blase (Universum) erschaffen und für ihre inflationäre Ausdehnung sorgen. *Linde* spricht von einer ewigen Inflation in einem unvorstellbar großen Multiversum. Eine entscheidende Frage wird dabei von unserem Universum auf ein Multiversum – sollte es wirklich existieren – verlagert: Woraus ist das alles entstanden? *Linde* meint, es sei sinnlos nachzufragen. *Alan Guth* und andere Forscher wollen vor einiger Zeit einen Beweis gefunden haben, dass sowohl in einem ewig zyklischen Universum, aber auch in einem ewig mit chaotischer Inflation existierenden Multiversum ein Anfang gewesen sein muss.

Die Stringtheorie (S. 48), die vielleicht einmal Relativitätstheorie und Quantentheorie unter einen Hut bringen wird, zurzeit aber noch nicht ausgereift ist, lässt eine etwas andere Entstehung des Universums zu. Wissenschaftler wie *Gabriele Veniziano* und *Maurizio Gasprini* haben ab 1991 mit ihrer Hilfe ein so genanntes »PRÄ-BIG-BANG-Szenario« (PBB) entwickelt. In diesem Modell ist der Urknall nicht der Beginn von Raum und Zeit, sondern nur eine Übergangsphase. Bereits lange vorher erfolgte ein Kollaps im Stringvakuum. Er führt zu einer rasanten Raumausdehnung. Das Stringvakuum soll ein nahezu leerer, materieloser und kalter unendlich großer Raum sein, in dem sich Felder mit allen möglichen Wellenlängen befinden. Zufällige Quantenfluktuationen können zu kurzfristigen Energieverdichtungen führen, die so groß werden, dass ein Kollaps erfolgt, der ein Schwarzes Loch bildet. Dieses erreicht als abgeschnürte Raumzeitblase einen Zustand maximaler Raumkrümmung, Temperatur und Energiedichte. Dann kann eine sehr schnelle Ausdehnung erfolgen. Dieses Modell spricht auch von einem Urknall. Im Gegensatz zu anderen Modellen erlaubt es aber eine raumzeitliche Vorgeschichte (nach *Rüdiger Vaas*: Bild der Wissenschaft, 4/2003 und 10/2004).

Für *Neil Turok* und *Paul Steinhardt* soll das Universum ewig bestehen (siehe S. 88). In ihrem Modell pendelt es ständig zwischen Ur- und Endknall.

»Alle diese Modelle sind spekulativ – wenn auch nicht bloße Fantasie. Denn die Theorien, auf denen die Modelle basieren, sind präzise ausgearbeitet, plausibel und prinzipiell überprüfbar. Auch die Modelle werden sich testen lassen – etwa durch Messungen der Kosmischen Hintergrundstrahlung oder der noch nicht nachgewiesenen Gravitationswellen vom Urknall.« (*Rüdiger Vaas*, Bild der Wissenschaft, 10/2004, S. 41 )

## Entwicklungen vom Urknall aus

**Prolog:** Die heutigen Kenntnisse über die Geburtswehen und die weitere Entwicklung des Universums sind für Gläubige deshalb so interessant, weil sie in naturwissenschaftlicher Sprache den Beginn und den Verlauf der biblischen Schöpfungsgeschichte beschreiben.

## Die ersten Momente

Viele Wissenschaftler bevorzugen ein inflationäres Urknallmodell, das ich für die weiteren Erläuterungen übernehmen möchte. Bei der Beschreibung der Urknallepoche werden häufig Begriffe benutzt, die auf eine Explosion im herkömmlichen Sinne hinweisen, bei der Materie in einen vorhandenen Raum geschleudert wird. Beim Urknall gab es aber noch keinen Raum. Raum und Zeit mussten sich erst gemeinsam mit der Explosion bilden. Im ersten Moment waren Raum und Zeit ineinander verschmolzen bei nahezu unendlicher Temperatur. Wissenschaftler nennen diesen Anfangszustand, aus dem sich alles entwickelte, Singularität.

Sie beschreiben die Vorgänge, die nach der allerersten Phase abliefen, verblüffend genau, da sie sich auf viele Informationen, Messungen und physikalische Gesetze stützen können.

Als im Urknall bei nahezu unendlicher Temperatur Raum und Zeit erwachten, ging die Entwicklung zunächst außerordentlich schnell. Der Astrophysiker *George Smoot*, der durch die Messung der kosmischen Hintergrundstrahlung einen entscheidenden Beitrag zur Urknalltheorie lieferte, beschreibt die Anfangsphase so:

»Einen Augenblick (etwa $10^{-35}$ Sekunden) nach dem ersten Moment der Schöpfung war die gesamte potentielle Masse und Strahlung unseres Teils des Universums in einer Energiesuppe zusammengefasst, eingeschlossen in eine winzige Region… Praktisch hing alles mit allem zusammen und war gleichbedeutend mit ihm – eine ursprüngliche Homogenität. Dann erfuhr unser Teil des Universums eine explosive, unvorstellbar rasche räumliche Ausdehnung, so dass er sich bis zur Zeit von $10^{-32}$ Sekunden bis zu einem Durchmesser von mindestens zehn Metern aufgebläht hatte. Danach endete diese Inflation, und die nunmehr zehn Meter große Region expandierte anschließend mit gemächlicherem Tempo.« (*George Smoot*, Das Echo der Zeit, S. 214)

Die geschilderte Inflationsphase, während der das winzige Universum mit Überlichtgeschwindigkeit explodierte war nach Ansicht mehrerer Experten außerordentlich wichtig für die weitere Entwicklung.

Vom Standort Urknall aus betrachtet erfolgte wegen der inflationären Ausdehnung ein gigantischer Temperatursturz, der nach $10^{-10}$ Sekunden (eine Hundertmillionstel Sekunde) zu der »eisigen« Temperatur von $10^{15}$ (1 000 000 000 000 000) Grad Kelvin führte, bei der Energie zu Materie »gefror«.

## Entkopplung der Grundkräfte

Die hohe Temperatur beim Urknall hielt die drei Grundkräfte, starke und schwache Kernkraft sowie elektromagnetische Kraft, in einem einzigen »Kraftpaket« zusammen.

Als die Temperatur nach $10^{-34}$ Sekunden auf $10^{27}$ Grad Kelvin abgesunken war, schaffte sie es nicht mehr, alle unter einem Hut zu halten. Die starke Kernkraft, die in den Protonen und Neutronen die Quarks zusammenhält (S. 46), verabschiedete sich schon mal aus der Solidargemeinschaft. Etwa $10^{-10}$ Sekunden nach dem Urknall trennten sich bei $10^{15}$ Grad Kelvin auch die schwache Kernkraft (S. 45) und elektromagnetische Kraft (S. 45). Die Entkopplung der Grundkräfte ermöglichte die Bildung von Teilchen und zugehörigen Antiteilchen. Sie sind mit der »gefrorenen« Energie gemeint, die *Albert Einstein* in seiner berühmten Formel $E = m \cdot c^2$ erfasst hat.

Zwischen der »Gefriertemperatur von Energie« und der uns zugänglichen Gefriertemperatur von Wasser liegen Temperaturwelten. Die entstandenen Elementarteilchen bildeten gemeinsam mit den Antiteilchen eine Art Ursuppe. Normalerweise vernichten sich Teilchen und Antiteilchen beim Zusammentreffen zu reiner Energie unter Aussendung von Photonen dieser Energie. Bei den Temperaturen während der Urknallphase gab es Bereiche, in denen sich zwischen der Entstehung und Vernichtung von Teilchen und Antiteilchen Gleichgewichte einstellten.

## Vernichtungskrieg zwischen Teilchen und Antiteilchen

Für Protonen und Antiprotonen sowie Neutronen und Antineutronen gab es eine Schwelle von 10 Billionen Grad Kelvin, unterhalb der die gegenseitige Vernichtung überwog. Für Elektronen und Antielektronen (Positronen) lag die Schwelle bei 6 Milliarden Grad Kelvin.

Die Vernichtungslust der elementaren Teilchen und Antiteilchen hätte eigentlich alle vorhanden Elementargebilde beseitigen müssen, was u. a. dazu geführt hätte, dass es heute keine intelligenten Lebewesen gäbe, die sich Gedanken über den Urknall machen könnten.

Zum Glück für uns hatten die »Kämpfer der Teilchenarmee« zahlenmäßig ein »leichtes« Übergewicht gegenüber den ebenso angriffslustigen »Kämpfern der Antiteilchenarmee«.

Wissenschaftler halten es für möglich, dass dieses Übergewicht bei der Trennung der schwachen Kernkraft und der elektromagnetischen Kraft entstanden ist.

Sie gehen davon aus, dass bei einer Milliarde Antiteilchen die Zahl der Teilchen eine Milliarde plus eins betrug.

Ohne diesen Teilchenüberschuss wäre das Universum mit Ausnahme von Photonen wüst und leer geblieben. Der scheinbar winzige Überschuss an Teilchen war in der Endbilanz groß genug, die gesamte sichtbare Materie des Universums zu bilden.

Etwa eine Sekunde nach dem Urknall – auch ein Wissenschaftler hätte in dieser Zeitspanne höchstens einmal seufzen können – entkoppelten sich die geheimnisumwitterten Neutrinos, die eine winzige Masse, aber keine elektrische Ladung haben. Auf sie wirkt nicht einmal die starke Kernkraft. Nur die Gravitationskraft besitzt genügend Charme, um den Neutrinos zu imponieren. Der »Kosmospolizei« der Wissenschaft gelingt es nur unter großen Schwierigkeiten, Neutrinos zu entdecken, die z.B. Bleiwände mit Millionen Kilometern Dicke problemlos durchqueren könnten.

Senkrecht zur Sonne treffen je Sekunde auf der Erde etwa 65 Milliarden Neutrinos pro Quadratzentimeter auf. Dabei ist es unerheblich, ob die Sonne über oder unter dem Horizont steht, da sie die Erde nahezu ungehindert durchdringen können. Das bedeutet für uns Menschen, dass unzählige Neutrinos pro Sekunde unbemerkt durch unseren Körper sausen, ohne Schaden anzurichten. Seit ihrer Entkopplung schwirren sie in unvorstellbar großer Zahl im Universum herum und bilden eine eigene, vom Licht völlig unabhängige Hintergrundstrahlung.

## Atomkernbäckerei

Nach der lustvollen Ur-Schlacht, bei der die meisten Teilchen und sämtliche real existierenden Antiteilchen vernichtet wurden, war den verbliebenen Protonen, Neutronen, Elektronen und Photonen keine Zeit zur Erholung vergönnt.

Wenige Minuten nach dem Urknall bildeten Protonen und Neutronen in einer für uns immer noch großen Hitze erste zusammengesetzte Atomkerne, wobei Photonen (masselose Teilchen des Lichts) freigesetzt wurden. Prallten anschließend Photonen mit genügend großer Energie auf »frischgebackene« Atomkerne, zerlegten sie diese wieder in ihre Bestandteile. Es entwickelte sich ein Gleichgewicht aus Entstehung und Zerlegung.

Mit zunehmender Ausdehnung kühlte das Universum ab, so dass die Heftigkeit der Zusammenstöße nachließ und die »Existenzangst« der leichten Atomkerne endlich aufhörte. Der überwiegende Teil der

Materie bestand sodann aus Wasserstoffatomkernen. Etwa 25 Prozent der vorhandenen Protonen und Neutronen hatte es geschafft, über Zwischenstufen Heliumatomkerne mit jeweils zwei Protonen und zwei Neutronen zu bilden.

Die »Bäckerei« für neue Elemente musste dann »Konkurs anmelden«. Elemente mit schwereren Atomkernen konnten nicht entstehen, weil mit zunehmender Raumausdehnung Temperatur und Dichte zu gering wurden. Ihre Herstellung musste warten, bis eine neue »Backofengeneration«, bestehend aus großen Sternen und Supernovaexplosionen, zur Verfügung stand.

## Lange Wartezeit der Elektronen

In der bisherigen Beschreibung der Urknallphase wurden die Elektronen sträflich vernachlässigt. Das soll sich ändern: Nach der Vernichtung der meisten Teilchen sowie sämtlicher Antiteilchen und nach der »Pubertätszeit« der leichten Atomkerne fanden die elektrisch negativ geladenen Elektronen die positiv geladenen Atomkerne von Wasserstoff und Helium äußerst sympathisch. Doch die gestrenge große Hitze ließ nur kurzfristige Flirts zu. Getrennt »lebten« die Elektronen und Atomkerne etwa 300 000 Jahre in einem heißen Plasma nebeneinander, bis die Temperatur auf unter 3000 Grad Kelvin gefallen war. Dann endlich konnten die Elektronen auf »Massenhochzeiten« ihre Verbindungen mit Atomkernen bekannt geben.

Vor diesen »Hochzeiten« waren die Elektronen im heißen Plasma mit der Tätigkeit vollauf beschäftigt, die Photonen der elektromagnetischen Strahlung (vereinfacht Licht) aufzufangen und kurz darauf wieder wegzuschicken.

Nach der Verbindung der Elektronen mit Atomkernen zu »ausgewachsenen« Atomen konnte sich endlich das von den Elektronen gefangene Licht »befreien« und ungehindert im Universum ausbreiten, das auf diese Weise durchsichtig wurde.

## Denkmal für Photonen

Sollte man in der Wissenschaft mal den Photonen wegen ihrer ungewöhnlichen »Lebensgeschichten« ein Licht durchflutetes Denkmal aus Glas errichten, könnte es folgende Widmung enthalten:

»Zur Ehre der Photonen, den masselosen Teilchen des Lichts, die den Mikro- und Makrokosmos erhellen sowie Energie und Informationen übertragen.

Wir danken Euch, Ihr alten Photonen, die Ihr Euch 300 000 Jahre nach dem Urknall befreien konntet und seitdem ruhelos unterwegs seid, obwohl Euch ein wenig die Energiepuste ausgegangen ist, so dass wir Euch bei Euren derzeitigen Wellenlängen mit unseren Augen nicht mehr sehen können.

Wir begrüßen Euch, Ihr neuen Photonen, die Ihr vor einigen hunderttausend Jahren im Innern unserer Sonne durch Kernverschmelzungen auf den Weg gebracht wurdet und nach harten Durchsetzungskämpfen inzwischen bis zu uns gekommen seid, um uns mit Licht und Wärme zu erfreuen oder durch Sonnenbrand zu warnen.«

### Weshalb dehnt sich das Universum aus?

Das Universum soll sich nach Ansicht einiger Wissenschaftler mit zunehmender Geschwindigkeit ausdehnen, obwohl die Schwerkraft erzeugenden Massen der normalen sichtbaren Materie und der Dunklen Materie als gewaltige Bremsen wirken. Als Ursachen für die wachsende Ausdehnung kommen nach ihrer Ansicht der noch wirksame Schwung der Ausdehnung aus der Urknallphase und vor allem die bereits erwähnte Dunkle Energie (S. 53) infrage.

Die real existierende mittlere Massendichte hängt wesentlich von dem Teilchenrest ab, der nach dem »Vernichtungskrieg« der Teilchen und Antiteilchen übrig blieb. Wäre sie nach Meinung von Experten etwa eine Sekunde nach dem Urknall nur ein zehnbilliardstel Prozent anders gewesen, würde das heutige Universum nicht bestehen.

Wie war eine für uns so unglaublich günstige Präzision möglich? Im Rahmen der Naturwissenschaft lässt sich als Begründung wohl nur der Zufall ins Spiel bringen.

## Wie entstanden die Strukturen des Universums?

**Prolog:** Die Entwicklung der Strukturen des Universums ist durch die Forschungen der Kosmologen noch nicht eindeutig geklärt. Sie erfolgte aber so, dass wir Menschen insgesamt sehr zufrieden sein können, da sie an der richtigen Stelle, zur richtigen Zeit, mit einer günstigen Materieanordnung und unter optimalen Bedingungen für die Entstehung von Lebensformen unsere Erde ermöglichte.

## Hauptstrukturen durch Quantenfluktuationen?

Für die Entstehung von Leben ist nicht nur die durchschnittliche Massendichte, sondern auch die Verteilung der Massen im Universum von entscheidender Bedeutung. Wie konnten die heute bekannten Strukturen entstehen, wo sich doch eigentlich die Materie seit der Urknallzeit völlig gleichmäßig hätte verteilen müssen? Wissenschaftler, die sich mit dieser Frage beschäftigen, halten es für möglich, dass winzige Unregelmäßigkeiten im Anfangsstadium den Ausschlag gegeben haben. Einige gehen davon aus, dass die Hauptkonturen des Raumes schon sehr früh durch Quantenfluktuationen geformt wurden, als sich das Universum inflationär mit Überlichtgeschwindigkeit ausdehnte.

Als sich 300 000 Jahre nach dem Urknall das Licht befreite und die Elektronen endlich die Gelegenheit erhielten, in Atomhüllen zu »parken«, waren nach den Vorstellungen einiger Wissenschaftler die Strukturen in der Dunklen Materie bereits ausgeprägter als in der normalen Materie.

Deshalb soll die Dunkle Materie mit Hilfe der gemeinsamen Kraftart Gravitation die noch wenig strukturierte normale Materie stark angezogen und in erheblichem Maße die Bildung ihrer Strukturen beeinflusst haben.

Ohne diese Unterstützung wäre das Universum noch heute eine dünne Wasserstoff-Helium-Suppe.

## Wie entstanden Galaxien und Sterne?

Trotz der erstaunlich genauen Kenntnisse über die Abläufe in der Zeit kurz nach dem Urknall bis hin zu 300 000 Jahren ist über die erste Phase der Entstehung von Sternen und Galaxien relativ wenig bekannt.

Zurzeit geht man davon aus, dass anfängliche Fluktuationen und Strukturen unterschiedlicher Größe mit freundlicher Unterstützung der Dunklen Materie irgendwann zu Galaxien, Galaxienhaufen und Galaxiensuperhaufen führten.

Verdichtete Bereiche wirkten durch ihre Gravitationskraft anziehend auf die Materie der Umgebung. So entstanden vermutlich Materiewolken aus Wasserstoff- und Heliumgasen, die sich weiter zusammenzogen und von einer bestimmten Größenordnung an sich um ihre Achse drehten. Aus solchen Gaswolken entstanden wahrscheinlich noch erheblich größere Materieansammlungen, um als Vorläufer von

Galaxien in Erscheinung zu treten. Innerhalb dieser Gebilde kam es zu relativ kleinen, kugeligen Konzentrationen, in denen sich die Gase immer stärker verdichteten, bis in ihren Zentren durch riesige Drücke und sehr hohe Temperaturen »Fusionsöfen« zündeten und durch Verschmelzung von Wasserstoff- zu Heliumkernen gewaltige Mengen Energie freisetzten. Wir nennen solche »Öfen« Sterne, die Licht des elektromagnetischen Spektrums erzeugen und in die Dunkelheit des Universums schicken.

Die ersten sehr massereichen Sterne verzehrten sich in der Regel relativ schnell und beendeten ihre Existenz in gewaltigen Supernovaexplosionen. Solche Explosionen sind auch heute noch im Universum üblich.

Wenn ein Riesenstern seinen Fusionsbrennstoff Wasserstoff durch Kernverschmelzungsprozesse zu einem bestimmten Anteil verbraucht hat, wobei vor allem Helium entsteht, aber auch andere Elemente bis hin zum Element Eisen »gebacken« werden, lässt der Innendruck nach. Der Riesenstern kann seine »Energieverpflichtungen« nicht mehr erfüllen, so dass er zunächst im Zentralbereich schrumpft (kollabiert). Wenn die Hülle diesen Vorgang bemerkt, stürzt sie hinterher, wobei es zu einer gewaltigen Explosion (Supernovaexplosion) kommt. Dabei wird kurzzeitig mehr Energie freigesetzt als von sämtlichen Sternen des beobachtbaren Universums im gleichen Zeitraum. In dieser Gluthitze entstehen durch Kernfusionen auch die Elemente, die schwerer sind als Eisen. Sollte nach der Explosion noch etwas übrig bleiben, handelt es sich meistens um einen Neutronenstern oder ein Schwarzes Loch.

Seit der Entstehung der Galaxien wurde durch sehr viele Supernovaexplosionen Materie aus allen möglichen Elementen in das Universum geschleudert. Diesen scheinbar ungezügelten Urgewalten im Universum haben auch wir es zu verdanken, dass sich viel später die Planeten unserer Sonne bildeten.

## Verdichtungen im Universum

Materieverdichtungen spielen im Universum eine große Rolle. Sonnen ab etwa eineinhalbfacher Masse unserer Sonne stürzen, nachdem in den Zentralbereichen der Wasserstoff in Helium verwandelt wurde, in sich zusammen. Dabei kann die Gravitationskraft so groß werden, dass die Elektronen der Atomhüllen in die Atomkerne gepresst werden, wo sie sich gewaltsam mit den positiv geladenen Protonen zu

Neutronen verbinden müssen. Aus normalen Atomen mit relativ viel Freiraum zwischen Hülle und Kern werden winzige Bereiche aus Neutronen. Diese können sich dicht zusammenlagern und einen »Neutronenbrei« bilden, von dem ein Kubikzentimeter einige Millionen Tonnen wiegt. Das Endergebnis dieser Verdichtung ist ein Neutronenstern, der trotz seiner Masse relativ klein bleibt. Er rotiert sehr schnell um eine Achse, wobei er in regelmäßigen Zeitabständen durch Radiosignale auf sich aufmerksam macht. Wegen dieser Radiopulse nennt man Neutronensterne auch Pulsare.

## Noch dichter als dicht: Schwarze Löcher

Da im Neutronenstern die Neutronen ohne gegenseitige Abstoßung sehr dicht nebeneinander liegen, müsste nach menschlicher Logik die letzte Verdichtungsmöglichkeit ausgeschöpft sein. Ein weiteres Zusammenquetschen von so stabilen Elementarteilchen wie Neutronen kommt uns absurd vor. Leider zeigt sich auch in diesem Falle, dass unsere menschlichen Denkstrukturen, die in einer langen Evolution entstanden sind, zum Verständnis der ganzen Realität der Natur noch keine optimalen Voraussetzungen mitbringen, denn die Verdichtung geht noch weiter, bis ein Schwarzes Loch entsteht.

Die Materie wird dabei auf ein unvorstellbar kleines Gebiet mit fast unendlicher Dichte zusammengedrückt. Aus dem Innern eines Schwarzen Loches kann weder Materie noch Strahlung entweichen.

»Lebt« ein Schwarzes Loch in einer massereichen Umgebung, gebärdet es sich extrem egoistisch und zeigt kannibalische Manieren, da es Gasströme und Materie stark anzieht und »verspeist«. Diese bewegen sich auf das Schwarze Loch zu und flammen beim Hineinstürzen noch einmal energiereich auf. Durch solche Prozesse wird ein Schwarzes Loch, das direkt nicht zu sehen ist, da es keine Lichtstrahlen aussendet, indirekt erkennbar.

Der Horizont des Schwarzen Loches besteht aus einer heißen Schicht. Nach *Stephen Hawking* muss auch ein Schwarzes Loch, wie jeder heiße Körper, Energie und Teilchen in den umgebenden Raum abgeben. Die entweichende Strahlung stammt aus dem Horizontbereich.

Muss schließlich ein Schwarzes Loch auf »Nahrung« verzichten, da der Materienachschub in der Umgebung erschöpft ist, existiert es isoliert im Raum und muss »abspecken«. Aber wie soll so etwas geschehen, da doch aus dem Schwarzen Loch nichts entweichen kann? Es bleibt dabei: Aus einem Schwarzen Loch kann nichts direkt entweichen, wohl aber aus seinem Horizont. Die verblüffende Logik besteht darin, dass der Horizont, aus dem Strahlung und Materie entweichen, nicht verschwindet, sondern sich immer mehr nach innen verschiebt, so dass in sehr langen Zeiträumen die gesamte Masse doch entfleucht.

### Quasare

Quasare entstehen möglicherweise, wenn Galaxien zusammentreffen und sich dabei durchdringen. Ihre Materie konzentriert sich in einem relativ kleinen Bereich und leuchtet z. B. vierhundertmal heller als alle Sterne unserer Galaxis zusammen. Dabei wird bis zu 40 Prozent der Materie in Energie umgewandelt und nach außen abgestrahlt. Kosmologen nehmen an, dass nur extrem massereiche Schwarze Löcher es schaffen, Quasare entstehen zu lassen.

### Evolution in unserem Sonnensystem

Vor etwa viereinhalb Milliarden Jahren entstand zunächst eine Urwolke. Nachdem die Gravitationskräfte größer waren als die Ausdehnungskräfte, bildete sich nach einem Kollaps eine flache, diskusähnliche protoplanetare Scheibe, in deren Zentrum die Sonne zündete und ein Fusionsfeuer entfachte. Aus dem Gas und Staub der Scheibe entstanden nach einem kosmischen Kalender in der relativ kurzen Zeit von 10 Millionen Jahren die Planeten.

## Evolution des Lebens

**Prolog:** Die Entwicklung des Lebens von einfachsten Grundstrukturen bis hin zum Menschen verlief abenteuerlich und war von sehr vielen Zufällen begleitet.

## Entwicklungsphasen

**Prolog:** In der Wissenschaft herrscht noch keine Klarheit darüber, ob die organischen Grundbausteine auf der Erde entstanden sind oder aus dem Kosmos z. B. durch Kometen importiert wurden. Die Entwicklung führte, beeinflusst z. B. durch Klimaveränderungen und

Einschläge von Himmelskörpern, nach harten Konkurrenzkämpfen und der Nutzung von Nischen zu Bakterien und höheren Lebensformen.

## Ist das Leben auf der Erde einmalig?

Das wilde, chaotische Durcheinander bei der Entstehung unseres Sonnensystems hat zum Glück eine Erde erlaubt, auf der Leben möglich wurde, wie viele Zufälle auch immer dafür nötig waren. Die spezielle Entwicklung dieses Lebens ist gewiss einmalig im Universum, obwohl sich vielleicht auch anderswo intelligentes Leben entwickeln konnte. Die spezifische Evolution des Lebens auf der Erde kann sich jedoch nirgendwo wiederholen. Wie das Leben auf der Erde entstanden ist, lässt sich in der Wissenschaft weder eindeutig noch einheitlich beantworten, dennoch zeigen sich deutliche Tendenzen, von denen ich einige auswähle.

Bei aller Streitlust, die von großer Bedeutung für die Wissenschaft ist, sind sich die Wissenschaftler einig, dass die grundlegenden Naturgesetze im gesamten Universum gelten. Für die Entwicklung des Lebens ist das Element Kohlenstoff von überragender Bedeutung. Es war von Anfang an eine vielseitige »Mehrzweckwaffe« der Evolution. Strittig ist die Frage, ob sich in einer Ursuppe aus einfachen Kohlenstoffverbindungen komplexe organische Verbindungen, Nukleinsäuren und Proteine entwickelten, die zu Grundstrukturen des Lebens führten, oder ob organische Verbindungen als Lebensbausteine und Keime von außen auf die Erde kamen. Denkbar wäre ein Import des Lebens durchaus, denn die Astronomen konnten bisher mit Hilfe von Radioteleskopen viele organische Verbindungen in der Größenordnung von etlichen Milliarden Tonnen allein in unserer Galaxis feststellen.

Einige Forscher, wie z.B. *Mayo Greenberg* (Leiden), sind der Ansicht, dass die ersten komplexen Moleküle, die man als Grundbausteine des Lebens bezeichnen kann, überhaupt keine lebensfreundlichen Bedingungen benötigten. Solche Moleküle konnten, wie Laborversuche nachempfanden, sogar dort problemlos entstehen, wo höhere Lebensformen kein Zuhause finden, nämlich in interstellaren Wolken aus Gas und Staub. Andere Wissenschaftler halten es für möglich, dass Kometen komplexe Moleküle zur Erde beförderten. *Johnjoe McFadden*, der sich besonders mit der Entstehung des Lebens befasst, geht bei seinen Überlegungen auch von Quantenvorgängen aus, denen er vor allem in der Anfangsphase entscheidende Bedeutung zutraut. Die entscheidende Frage ist, ob es den Molekülen gelang, durch Abschirmung von der Umgebung ungestört zu bleiben.

»In einer winzigen Steinpore oder einem Fetttröpfchen (Isolation) tummeln sich einfache Moleküle, darunter Aminosäuren, die Bausteine der Eiweiße. Diese Moleküle seien so genügend von der Umwelt abgeschirmt, um in die Quantenwelt zu schlüpfen, glaubt *McFadden*. Und da sie dort nicht mehr an die Gesetze der klassischen Physik gebunden sind, kann jede Aminosäure jeden beliebigen Platz in dem sich bildenden Eiweiß einnehmen. Diese geisterhafte Aminosäuren-Kette existiert, so stellt sich *McFadden* das vor, als eine quantenmechanische Überlagerung aller möglichen Aminosäurenkombinationen. Doch irgendwann entsteht in der Quantenwelt mit genügend großer Wahrscheinlichkeit eine Eiweißvariante, die sich selber vervielfältigen kann... Das sich vermehrende Eiweiß tritt dann in die uns vertraute Welt ein. Der erste Schritt in Richtung Leben ist getan... In der Quantenwelt können quasi alle Molekülvarianten durchgespielt werden, bis diejenige gefunden ist, die das scheinbar Unmögliche geschafft hat: Sie besitzt genau die Aminosäurenfolge, die sie zu einem Selbstreplikator macht. In der klassischen Welt hingegen sei die Wahrscheinlichkeit dafür etwa so groß wie ›dass sich ein Haus bildet, wenn man einen Haufen Ziegelsteine in die Luft sprengt‹ (*Paul Davies*).« (Zitat von *Odette Frey* in der Sonntagszeitung, 20.11.2001)

## Harte Überlebenskämpfe

Wie und wo auch immer die für die Entstehung des Lebens erforderlichen organischen Verbindungen das »Licht der Welt« erblickten, für den weiteren Werdegang war es entscheidend wichtig, dass sie sich nach ihrer »Existenzgründung« in einem harten Lebenskampf behaupten und entwickeln konnten.

Hinter dieser einfachen nüchternen Aussage verbergen sich dramatische Abläufe. So war z. B. eine geeignete Umgebung äußerst wichtig, damit sich auf ungeheuer komplizierten Wegen lange Molekülketten bilden konnten. Wissenschaftler halten es für wahrscheinlich, dass zu dieser Umgebung Flüssigkeiten und die Oberflächen fester Stoffe zählten. Dabei konnten z. B. Pyrit (chemische Verbindung aus Eisen und Schwefel) und Lehm ihre Katalysatoreigenschaften fortschrittsfreundlich ins Spiel bringen.

Nach den Erkenntnissen der Biologie gehen die Informationen des

Lebens von doppelsträngigen DNA-Molekülen im Zellkern zu einsträngigen RNA-Stücken, die DNA-Abschnitte kopiert haben und mit dieser Information veranlassen, dass Proteine aufgebaut werden. So funktioniert es heute. Nach Ansicht von Experten kann es in der Anfangsphase auch anders gewesen sein. Vielleicht entstanden zuerst kurze RNA-Moleküle oder sogar Proteine. Die DNA-Moleküle sind riesenlange, wunderbare Vererbungsspeicher, die den Bauplan eines Organismus enthalten und dafür sorgen, dass Lebewesen nicht in jeder Generation alle zum Überleben wichtigen Organe neu erfinden müssen, was natürlich auch nicht möglich wäre.

Bei der Entwicklung des Lebens war es zunächst einmal wichtig, dass fundamentale Funktionen entstehen konnten, wie z. B. die zur Energieaufnahme und -umsetzung erforderlichen Stoffwechselfunktionen. Spezialausführungen und Luxusausstattungen kamen erst später dran. Von großer Bedeutung war die Schaffung getrennter Räume mit Membranen als Wände, um die komplizierten Abläufe in den Zellen zu schützen.

## Abfallprodukt Sauerstoff beginnt Weltkarriere

Auf einer weiteren Stufe entstanden Moleküle, die in der Lage waren, die Energie des Sonnenlichts für biochemische Reaktionen zu nutzen. Diese Entwicklung führte zur Photosynthese, bei der Kohlendioxid verarbeitet und Sauerstoff entwickelt wurden. Der »Abfall« Sauerstoff machte von da an eine Weltkarriere.

Bis zu einem Gleichgewicht reicherte er sich in der Erdatmosphäre an und gab langsam aber sicher der Erde ein neues Gesicht, da er die Entstehung einer vielgestaltigen Pflanzen- und Tierwelt ermöglichte.

## Zähe Bakterien

Viele Wissenschaftler gehen davon aus, dass Bakterien den ersten Lebensformen wahrscheinlich am nächsten kommen.

Eine Abzweigung im Stammbaum der Bakterien führte zu Archaebakterien, die vor etwa 3,5 Milliarden Jahren entstanden sind und sich bis heute kaum verändert haben.

Aus diesen Archaebakterien, deren Stoffwechsel ohne Sauerstoff abläuft, könnten sich nach Ansicht von Wissenschaftlern Entwicklungslinien gebildet haben, die bis zu den heutigen Lebewesen führen.

### Einflüsse auf die Evolution des Lebens

Die Evolution des Lebens besteht aus spannenden Abenteuern. Was dabei herausgekommen ist, können die Forscher feststellen, auflisten und untersuchen. Weshalb sich überhaupt und dann auch noch in der erkennbaren Reihenfolge Leben entwickelt hat, lässt sich nur schwer beantworten, da unzählige Einflüsse diese Evolution mit beeinflussten. So gab es z. B. klimatisch- und ernährungsbedingte Umweltkatastrophen, die erhebliche Teile des vorhandenen Lebens vernichteten. Auch die Prinzipien der natürlichen Auslese oder Kooperation wirkten maßgebend auf die Evolution ein. Ungeklärt ist noch, welche Einflüsse das Prinzip der Selbstorganisation, wie es aus der Chaostheorie bekannt ist, ausübte.

### Evolution mit Nischen

Vor etwa 600 Millionen Jahren, in der Zeit des Kambriums, bekam die Evolution einen kräftigen Schubs, der explosionsartige Auswirkungen hatte: In relativ kurzer Zeit entstanden besonders viele neue Arten.

Höchstwahrscheinlich hat der Einschlag eines wuchtigen Himmelskörpers Dinosaurier und zahlreiche andere Lebensformen ausgelöscht. Aus menschlicher Sicht hatte diese Katastrophe vermutlich auch Vorteile, denn sie ermöglichte und begünstigte Arten, z. B. Säugetiere, die sich sonst vielleicht nicht hervorgewagt hätten oder weiterhin mit einem Nischendasein zufrieden gewesen wären.

## Gesetze der biologischen Evolution

**Prolog:** Die Gesetze, nach denen sich die biologische Evolution vollzogen hat, sind in der Wissenschaft noch umstritten. Unterschiedliche Ursachen für Mutationen werden vorstellt.

Wenigstens im Sonnensystem darf sich der Mensch als Krone der Schöpfung fühlen.

### Darwinismus

Vor etwa 150 Jahren sorgte *Charles Darwin* mit seinen Entwicklungstheorien für eine völlig neue Betrachtungsweise der Evolution. Er entdeckte als eine Triebkraft des Artenwandels einen Überschuss an

Nachkommen. Durch einen Ausleseprozess blieben bestimmte Individuen übrig, die zu Eltern einer Nachfolgegeneration wurden, weil sie gefragte Eigenschaften bieten konnten. Der Kampf ums Dasein, der zur Selektion (natürlichen Zuchtwahl) führte, findet sich im Prinzip sogar bei der künstlichen Zuchtauswahl wieder, die Menschen in der Tierzucht anwenden.

Für *Darwin* spielte der Zufall eine große Rolle bei der Evolution der Arten. Er meinte aber nicht einen absoluten, sinnlosen Zufall, aus dem sich keine sinnvolle Ordnung entwickeln kann.

## Mutationen müssen sein

Eine Mutation findet statt, wenn sich bei einem Vererbungsprozess trotz unglaublicher Präzision ein Fehler einschleicht, weil z. B. in der DNA eine Aminosäure durch eine andere ausgetauscht wird. So eine Veränderung kann ohne nennenswerte Folgen bleiben, Verschlechterungen beziehungsweise sogar tödliche Veränderungen bewirken oder zu einem Glückstreffer für die Zukunft werden. Lebewesen mit schädlich wirksamen Mutationen schieden in der Regel schnell aus und verschwanden oft spurlos aus der Weltgeschichte. Glückstreffer hingegen verfestigten sich in der Regel. Bei der Evolution ging es nicht so sehr um Konflikte und Vernichtungskämpfe, die mit einem Sieg des Stärkeren endeten, sondern häufig um die Vermeidung von Konflikten durch Ausweichen in Nischen, wo man vor Konkurrenten einigermaßen sicher war. Auf diese Weise sind viele neue Arten entstanden.

## Unterschiedliche Meinungen über Mutationen

Die Meinungen gehen auseinander bei der Frage, ob während der Evolution die Übergänge zu anderen, komplexeren Arten nur durch zufällige Mutationen mit natürlicher Auswahl (Selektion) möglich waren.

Viele bejahen diese Frage, manche von ihnen aber nur mit Einschränkungen. *Konrad Lorenz* z. B. hält im Prinzip an der zufälligen Mutation mit anschließender natürlicher Selektion fest, meint aber, dass durch diese Vorgänge nicht alles erklärt werden kann. So ist es z. B. nicht möglich, dass in den etwa vier Milliarden Jahren biologischer Entwicklungstätigkeit die heute existierenden komplexen Organismen entstehen konnten. Es bleibt die Frage, was denn sonst gewirkt haben mag.

Die Darwinistische Theorie geht davon aus, dass sich Populationen langsam und gleichmäßig über allmähliche Veränderungen zu neuen, immer komplexeren Arten entwickelt haben. Die Veränderungen waren ausschließlich auf die Wirkung natürlicher Kräfte wie Gravitation, Magnetismus, chemische Bindekräfte usw. zurückzuführen. Aus Forschungsergebnissen (z. B. Fossilienfunden) geht aber hervor, dass sich einige Arten sehr schnell innerhalb von 5000 bis 50000 Jahren bildeten. In der äußerst kreativen Evolutionsphase des Kambriums entstanden innerhalb einer für Evolutionsmaßstäbe sehr kurzen Zeit von einigen Millionen Jahren die meisten der heute existierenden Wirbeltiere.

Wissenschaftler entdeckten, dass einige Tiere wie z. B. Kleinleguane, Fische, Vögel sich durch Gen gesteuerte Veränderungen in etwa zwanzig Jahren an neue Umweltbedingungen anpassten. Bakterien brauchten dafür nur sehr kurze Zeit (z. B. einige Wochen).

Solche Vorgänge sind so spezifisch, dass sie sich nach Ansicht der beteiligten Wissenschaftler mit Zufällen nicht erklären lassen. Nach Ansicht des Paläontologen *Fondi* sind bereits die ältesten Algen und Bakterien zu komplex aufgebaut, um in dem Zeitrahmen, der ihnen für ihre Entwicklung zur Verfügung stand, durch Zufallsmutationen und natürliche Selektionen entstehen zu können. Die Evolutionsgeschichte zeigt, dass neue Arten plötzlich auftauchten, sich in Millionen von Jahren nicht veränderten und dann ebenso schnell wieder verschwanden, wie sie gekommen waren.

*Fondi* ist der Meinung, dass sich das Darwinsche Grundkonzept schon deshalb nicht mehr allgemein aufrecht erhalten lässt, weil natürliche Kräfte, wie im Grundkonzept behauptet, allein den beobachteten Verlauf der biologischen Entwicklung nicht mehr erklären können. Er nimmt an, dass in die Entwicklung zusätzliche Informationen aus den vorhandenen Grundstrukturen einflossen.

Spielten dabei vielleicht Quantenvorgänge mit Superpositionen und Verschränkungen eine entscheidende Rolle (siehe S. 31)? Nach *Johnjoe McFadden* gibt es keinen Informationsfluss von außen, der direkt das Erbgut in Zellen zu Mutationen veranlassen kann. Nach seiner Ansicht bietet aber die Quantentheorie eine Lösung.

»Denn Mutationen im Erbgut DNS beruhen auf den Bewegungen von Protonen und Elektronen, und diese unterliegen den Gesetzen der Quantenphysik. Vielleicht, so spekuliert *McFadden*, gelingt es dem DNS-Molekül, ebenfalls in die Quantenwelt zu schlüpfen, wo dann alle überhaupt nur möglichen Mutationen nebeneinander stehen. Passt eine Mutation zu den Umweltbedingungen – beispielsweise zu einem bestimmten Nährstoff – tritt plötzlich eine Verbindung zur Umwelt auf. Denn das Eiweiß, dessen Bauanleitung im mutierten Gen steckt, interagiert mit dem Nährstoff. Resultat: Das zum Eiweiß gehörende DNS-Molekül fällt in die klassische Welt. Quanten-Evolution kann die Rate vorteilhafter Mutationen erhöhen und so die Evolution steuern… Die Theorie, räumt er ein, gelte nur für Bakterien und Einzeller; von der Entstehung der ersten Vielzeller an sei die Evolution strikt nach Darwin verlaufen.« (*Odette Frey* »Sonntagszeitung«, 20.11.2001)

Ob solche Mutationstheorien haltbar sind oder erst die Spitze eines Eisbergs darstellen, muss sich in der Forschung noch erweisen.

Die Entwicklungsgeschichte vom Urknall bis zum Menschen ist abenteuerlich. Sie ermöglichte intelligente Lebewesen, die aus biologischer Sicht unvorstellbar komplex funktionieren. Jede einzelne menschliche Zelle ist ein Wunderwerk. In ihr laufen ständig sehr komplexe Vorgänge ab, die an das muntere Treiben in einer Großstadt erinnern, nur dass es in der Zelle wesentlich koordinierter zugeht. In allen Zellen spielen die Zellkerne eine entscheidende Rolle, da sich in ihnen die DNA befindet, in der sämtliche Gene des Menschen gespeichert sind, auch wenn nur Teile davon genutzt werden.

Wie soll man sich dann das Zusammenspiel aller 100 000 Milliarden Zellen eines menschlichen Organismus vorstellen, wenn schon die Abläufe in einer Zelle unglaublich kompliziert sind? Wie funktioniert die Gesamtsteuerung?

## Grundlagen der Hirnforschung

**Prolog:** Eine Beschreibung der Evolution wäre unvollständig, wenn das menschliche Gehirn unerwähnt bliebe. Deshalb werden in Kurzform Aufbau und Funktionsweisen des Gehirns vorgestellt. Außerdem kommen einige Probleme der künstlichen Intelligenz zur Sprache.

### Was macht den Menschen so bedeutungsvoll?

Der Mensch war Ausgangspunkt für Wege in die Mikrowelt (Atome und Quanten) sowie in die Makrowelt (Sonnensystem, Galaxien und Universum). Die Beschäftigung mit der Evolution führte zum Menschen zurück, der trotz aller Fehler, Schwächen und Unvollkommenheiten als biologisches Wunderwerk der Natur gilt. Er ist von Geist durchdrungen. Ein funktionierendes Gehirn macht diesen Geist möglich.

## Noch keine verbindliche Theorie des menschlichen Gehirns und Bewusstseins

Der Mensch zeichnet sich gegenüber anderen Lebewesen vor allem durch Bewusstsein, Intelligenz und Geist aus. Entscheidende Gesichtspunkte des modernen Menschenbildes beziehen sich auf das Gehirn und seine Leistungsmöglichkeiten.

Eine verbindliche und allgemein akzeptierte Hirntheorie existiert noch nicht. Ich stütze mich bei den folgenden Aussagen im Wesentlichen auf Erkenntnisse des Neurobiologen *Antonio R. Damasio*. Er leitet die Neurologische Abteilung des University of Iowa College of Medicine. Seine Forschungen haben ihn zu einer international anerkannten Autorität gemacht. *Damasio* ist Träger wichtiger Preise und hat bedeutende Ehrungen erfahren.

## Aufbau des menschlichen Gehirns

Der Mensch hat ein Nervensystem, das aus einem zentralen und einem peripheren Teil besteht. Zum Zentralnervensystem gehören Gehirn und Rückenmark, zum peripheren Nervensystem 12 Hirnnervenpaare und 31 bis 32 Spinalnervenpaare, die vom Rückenmark ausgehen.

Das menschliche Gehirn setzt sich zusammen aus den beiden Endhirnhemisphären, dem Zwischenhirn (verbindet die Endhirnhemisphären), dem Mittelhirn (verbindet das Zwischenhirn mit dem Hinterhirn), dem Hinterhirn (bestehend aus Brücke und Kleinhirn), der Brücke (verbindet das Großhirn mit dem Kleinhirn) und dem Nachhirn (verlängertes Rückenmark). Daran schließt sich der letzte Teil des Zentralnervensystems, das Rückenmark, an. Dieses verläuft im Wirbelkanal. Aus ihm entspringen rechts und links die 31 bis 32 Spinalnervenpaare, die bereits Teil des peripheren Nervensystems sind.

Nerven setzen sich aus Nervenzellen (Neuronen) zusammen. Diese werden in der Regel von Gliazellen umhüllt, die nicht direkt an der Signalleitung beteiligt sind, sondern die Neuronen ernähren und stützen. Ein Neuron enthält einen Zellkörper mit Zellkern, Mitochondrien (Energiekraftwerke der Zellen) und andere Zellorganellen. Über zahlreiche Dendriten und am Zellkörper befindliche Synapsen anderer Nervenzellen gelangen Informationen (Reize) in die Nervenzelle hinein. Diese werden im Zellkörper miteinander verrechnet. Dort fällt auch die Entscheidung, ob von den vielen eingegangenen Informationen eine Information über das Axon weitergegeben wird, oder ob Reize z.B. so unterdrückt werden, dass keine Information zum Axon gelangt. Am Ende des Axons befindet sich eine Synapse, eine Stelle, an der Informationen (Reize), die von der Nervenzelle ausgehen, an die nächste Nervenzelle übertragen werden. Wird ein Neuron aktiv, was auch »Feuern« heißt, breitet sich vom Zellkörper ein elektrischer Strom entlang des Axons aus. Kommt der Strom zu einer Synapse, werden chemische Stoffe freigesetzt. Sie überwinden den synaptischen Spalt und lösen beim nächsten Neuron einen Impuls aus. Signale können über zahlreiche Neuronen sogar relativ große Strecken (> 1 m) zurücklegen. Im Durchschnitt hat ein Neuron an seinem Axon und den Dendriten etwa 1000 Synapsen. Jedes Neuron kann so, je nach Aufgabe, mit bis zu 20 000 anderen der etwa 100 Milliarden Neuronen eines menschlichen Gehirns verschaltet sein oder in Verbindung stehen, aber nicht mit allen. Neuronen bilden Nervenbahnen, diese wiederum Komplexe oder Gruppen, die sich in unterschiedlichen Architekturen anordnen und gegenseitig beeinflussen. Aus Gruppen entstehen großräumige Systeme mit Schaltkreisen und Zusammenschaltungen. Insgesamt ist das Gehirn ein außerordentlich komplexes Großsystem aus vielen einzelnen Systemen.

Das menschliche Gehirn zählt zu den kompliziertesten Gebilden des Universums und zu den bemerkenswertesten Strukturen der Evolution. Es wiegt bei Erwachsenen etwa 1,5 Kilogramm und besitzt ungefähr 100 Milliarden Nervenzellen (Neuronen), die sich in rund 50 Zelltypen einordnen lassen. Im Gehirn besteht ein dichtes Netz feiner und feinster Kapillaren, das gut geregelt alle Neuronen mit Blut versorgt (nach *Gerald M. Edelman* und *Giulio Tononi*, Gehirn und Geist).

Hirnforscher haben inzwischen für viele geistige Prozesse ermittelt, wo diese ablaufen, was dabei geschieht und wie das Zusammenspiel funktioniert. Nicht die Lokalisierung, sondern die Vernetzung im Gehirn ist von entscheidender Bedeutung.

Auch Erwachsene können durch Lernprozesse noch neue Neuronen oder sogar Neuronenkombinationen und Neuronensysteme bilden. Trotz des derzeitigen Wissens ist das menschliche Gehirn noch lange nicht vollständig erforscht.

Wie bereits erwähnt, beeinflussen Quantenvorgänge Abläufe in der Makrowelt, zu der man auch das Gehirn zählen muss. Mit solchen

Vorgängen sind aber nicht die Wirkungen großräumiger Superpositionen gemeint. Was die quantenphysikalischen Einflüsse im Gehirn bewirken und ob bzw. wie sie auf Denkprozesse Einfluss nehmen, lässt sich zurzeit noch nicht sagen.

## Neurobiologische Prozesse im menschlichen Gehirn

Wesentlich besser sind inzwischen neurobiologische Prozesse im Gehirn vom einfachen Wachsein bis zu höchsten geistigen Leistungen oder sogar Gewissensentscheidungen erforscht. Einige dieser Erkenntnisse möchte ich vorstellen (nach *Antonio R. Damasio*).

Das Proto-Selbst besteht aus zahlreichen wechselseitig verbundenen neuronalen Mustern, deren Abläufe dem Menschen nicht bewusst werden. Es dient einfachen, stereotypisierten Stoffwechselregulationen, die für die Lebensregulierung des menschlichen Organismus durch das Gehirn wichtig sind.

*Damasio* unterteilt das Bewusstsein in Kernbewusstsein und erweitertes Bewusstsein. Das Kernbewusstsein wird von Erbanlagen eingerichtet, gehört zur Standardausrüstung komplexer Lebewesen, gilt als unentbehrliche Grundlage des gesamten Bewusstseins und ist zuständig für das Hier und Jetzt. Es berücksichtigt wohl noch die unmittelbare Vergangenheit, nicht aber die Zukunft, und ist nicht abhängig vom Gedächtnis, Denken, Lernen oder von der Sprache. Das Kernbewusstsein kommt beim Menschen, aber auch bei anderen Lebewesen vor.

Das erweiterte Bewusstsein wird von Erbanlagen angelegt, lässt sich aber im Gegensatz zum Kernbewusstsein vom Leben (z.B. von der Kultur) erheblich beeinflussen.

Es gibt dem Organismus Individualität und Personalität, kommt in höheren Formen nur beim Menschen vor, ermöglicht Sprache und Kreativität, erlaubt geistige Prozesse, in denen Schmerzen nicht nur gefühlt, sondern auch erlitten werden, lässt ein Gefühl für Gut und Böse entwickeln und schafft einen Sinn für Schönheit und Wahrheit.

Erweitertes Bewusstsein gilt als Vorbedingung für Intelligenz.

Intelligenz ist die Fähigkeit, Wissen erfolgreich zu nutzen. Sie kann neue Reaktionen planen und auszuführen.

Das Bewusstsein wird aus dem Kern- sowie dem erweiterten Bewusstsein gebildet und erlaubt dem Menschen zu erfahren, was in ihm vorgeht, z.B. das Erleben von Hunger, Durst, Freude, Trauer, Denken, Gefühle, Überzeugungen und Glück. Es steht u.a. im Dienst des Selbsterhaltungstriebs, verknüpft die Prozesse der Lebensregulation mit der Vorstellungskraft, ist immer persönlich, da es aus einem Organismus erwächst und sich mit den Ereignissen dieses Organismus beschäftigt, gilt als unverzichtbarer Bestandteil des schöpferischen menschlichen Geistes, umfasst aber nicht den ganzen menschlichen Geist. Das Bewusstsein ist nach *Damsio* nicht der Gipfelpunkt geistiger Komplexität, sondern eine Zwischenstufe, und gilt noch nicht als das Glanzstück der biologischen Entwicklung.

Emotionen findet man bei Menschen und vielen nichtmenschlichen Lebewesen. Sie haben eine beachtliche Wirkung, da sie im Gehirn viele Schaltkreise beeinflussen und dort sogar ganze Landschaften verändern können. Sie werden u. a. ausgelöst durch Triebe, Motivationen, Schmerz, Lust, Unlust und verknüpfen sich im menschlichen Bereich mit komplexen Ideen, Werten, Prinzipien und Urteilen. *Damasio* bezeichnet Emotionen auch als komplexe Reaktionsmuster, die über Gefühle Vorstellungen auslösen und dadurch auf den menschlichen Geist wirken. Emotionen sind demnach noch keine Gefühle, sondern die Basis dafür. Sie gehen den Gefühlen voraus.

Gefühle entstehen aus Emotionen, gelten als Wurzeln des Bewusstseins, wirken als Brücken zwischen Emotionen und Bewusstsein. Sie benötigen das Bewusstsein, um die erforderliche Wirkung zu erzielen.

Vorstellungen sind nach *Damasio* mentale Muster, die sich z. B. aus Tast-, Muskel-, Wärme- Schmerz- und weiteren Sinnesempfindungen ergeben. Sie erzeugen Vorstellungsprojektionen im Gehirn, fließen ständig schnell oder langsam bzw. sprunghaft im Bewusstsein, sind die Quelle der Kreativität, können bewusst oder unbewusst sein und funktionieren im menschlichen Gehirn im Wachzustand, aber auch während des Schlafens durch Träume. In Form von Vorstellungsströmen werden sie als Denken bezeichnet.

Vorstellungen bleiben häufig auf unterschiedlichen Ebenen in Untergrundbezirken des Bewusstseins, da ihre Konkurrenz untereinander sehr groß ist. Für ihren Weg ins erweiterte Bewusstsein steht ihnen nur ein »schmaler Gang« zur Verfügung, den sie in Begleitung von Gefühlen passieren müssen.

Kreativität gilt als Fähigkeit des Gehirns, neue Ideen hervorzubringen und ist ohne Bewusstsein nicht möglich.

Das menschliche Gehirn ist in der Lage, Reaktionen auszulösen, die außerhalb des Bewusstseins ablaufen. Die unbewusste Verarbeitung kann sehr wirkungsvoll sein, da sie auf bewusste Vorgänge einwirkt. Viele Gedanken, Verhaltensweisen und logische Entscheidungen haben nichtbewusste Einflüsse, die vorher schon existierten.

Menschlicher Geist besteht nach *Damasio* aus bewussten und nichtbewussten Operationen des Gehirns und ist nicht als eine Sache zu verstehen, sondern als ein Prozess, nämlich ein ständiger Fluss von Vorstellungen, die Wechselbeziehungen unterhalten. Das Bewusstsein sorgt dafür, dass der Mensch einen Ausschnitt seines Geistes erfährt und den Gipfel seiner geistigen Fähigkeiten erreicht.

Das menschliche Gewissen steht oberhalb des erweiterten Bewusstseins. Es ist mit der Frage befasst, ob bestimmte Handlungen oder Objekte gut oder böse sind.

Gipfelpunkte biologischer Entwicklung sind nach *Damasio* z.B. Ethik und Recht, Wissenschaft und Technik, religiöse Denkweisen und musisches Wirken. Sie wären ohne die Wunder des Bewusstseins als Quelle jeder neuen Errungenschaft nicht möglich.

## Abenteuerliche Ausblicke

Das Wunderwerk Gehirn hat einige Wissenschaftler inspiriert, mutige Ausblicke in die Zukunft zu wagen. So wird von einigen überlegt, ob man demnächst nicht das Gehirn eines sterbenden Menschen in einen Roboter scannen könnte, um die so ermittelten Daten auf einer Festplatte zu speichern. Das Gehirn wäre dann im Internet noch lange Zeit virtuell lebensfähig. Einige Experten planen für das Scannen von Gehirnen bereits einen zukunftsreichen Markt im Internet. Sie denken daran, vor allem die Gehirne genialer Wissenschaftler und Künstler rechtzeitig zu scannen, um ihre Alternativ-Ichs im Internet künftigen Generationen von Forschern und Studenten zur Verfügung zu stellen. Wer solche Visionen erfährt, kommt nicht ganz an der Feststellung vorbei, dass *Goethe, Mozart, Kant* und *Einstein* wohl zu früh lebten.

Der Hirnforscher *Gerhard Roth* und der Wissenschaftsphilosoph *Gerhard Vollmer* sehen eine große Gefahr in sehr kleinen, jedoch intelligenten Robotiksystemen, die herum schwirren, wegen ihrer Kleinheit aber nicht zu sehen sind.

Solche »Nanoboter« wären in vielen Bereichen gewiss sehr nützlich, sie könnten aber auch Dinge tun, die Angst einjagen.

## Kann es ein künstliches Bewusstsein geben?

Zur Frage eines künstlichen Bewusstseins meint *Antonio R. Damasio*: »Können wir mit Hilfe modernster Technik und neurobiologischer Erkenntnisse ein Artefakt – ein Gerät, eine Maschine – herstellen, das Bewusstsein besitzt? Angesichts einer solchen Frage ist es vielleicht nicht überraschend, dass ich zwei Antworten habe – die eine heißt Nein, die andere Ja. Nein, wir haben wenige Aussichten, ein Artefakt herzustellen, das so etwas wie ein menschliches Bewusstsein hat und sich selbst aus der Perspektive eines inneren Sinns begreift. Ja, wir können Artefakte herstellen, die über die formalen Mechanismen verfügen... Die inneren Zustände des Artefakts können sogar einige der neuronalen und mentalen Strukturen nachahmen, die ich als Grundlagen des Bewusstseins vorschlage. Sie könnten in der Lage sein, Wissen zweiter Ordnung zu erzeugen, doch ohne die Hilfe des nichtsprachlichen Vokabulars des Gefühls würde das Wissen nicht in der Art zum Ausdruck gebracht, die wir vom Menschen kennen und die wahrscheinlich bei vielen lebenden Arten anzutreffen ist. Das Gefühl dürfte das entscheidende Hindernis sein, weil die Entstehung des menschlichen Bewusstseins möglicherweise auf das Vorhandensein von Gefühlen angewiesen ist. Das Aussehen von Emotionen kann simuliert werden, doch wie sich Gefühle anfühlen, lässt sich nicht in Silizium nachbilden. Gefühle lassen sich nicht simulieren, solange man Fleisch nicht simulieren kann, solange man nicht die Wirkung des Gehirns auf lebendiges Fleisch simulieren kann, solange man nicht simulieren kann, wie das Gehirn das Fleisch spürt, nachdem das Gehirn auf das Fleisch eingewirkt hat.« (*Antonio R. Damasio*, Ich fühle, also bin ich, S. 377)

## Wie könnte die Evolution des Lebens und des Universums in Zukunft ablaufen?

**Prolog:** Für die weiteren Entwicklungen im Universum gibt es etliche Theorien. Insgesamt herrscht noch eine große Unsicherheit. Für Christen, die an ein ewiges Leben nach dem Tode glauben, sind die Fragen nach der kosmologischen Zukunft von besonderem Interesse.

## Nach uns

**Prolog:** Zum Glück müssen sich Theorien in der Naturwissenschaft strengen Spielregeln unterwerfen, bevor sie als fundierte Theorien (derzeitige Ergebnisse der Wissenschaft) gelten. Sie können z. B. widerlegt, ergänzt oder in größere Zusammenhänge gestellt werden. Das gilt natürlich auch für die derzeitigen Theorien über die weitere Entwicklung des Universums. Einige Modellvorstellungen kommen zur Sprache.

## Verrückte Ideen und die strengen Spielregeln der Naturwissenschaft

Zahlreiche Ideen aus unterschiedlichen Bereichen der Naturwissenschaft mögen uns mit gutem Recht reichlich »verrückt« vorkommen. Die eine oder andere von ihnen wird sich vermutlich als unhaltbar oder eindeutig falsch erweisen und aus dem wissenschaftlichen Verkehr gezogen werden.

Bei Be- oder Verurteilungen sollte man aber sehr vorsichtig sein, denn die meisten der heute als gesichert geltenden naturwissenschaftlichen Erkenntnisse wurden in ihren Anfangsphasen als ziemlich verrückte Ideen bezeichnet. Einige bedeutsame Theorien hätten sich viel schneller entwickeln können, wenn ihre Erfinder mutig genug gewesen wären, noch viel verrückter zu denken als sie es zunächst wagten. Die Evolution der Naturwissenschaft hat natürlich auch Irrwege eingeschlagen, doch die außerordentlich strengen, von Philosophen manchmal als selbstverschuldete Einengung bezeichneten Maßstäbe, sorgten bisher immer wieder dafür, dass Irrwege irgendwann entdeckt wurden. Bevor eine waghalsige oder mutige Idee von der Naturwissenschaft als gesicherte Theorie anerkannt wird, muss schon allerhand Beweismaterial vorliegen, meistens sogar experimentelles. Hält eine zunächst noch so verrückte Idee strengsten Prüfungen stand, gilt sie als derzeitiges Ergebnis der Wissenschaft, das heißt als fundierte Theorie, die vielleicht noch verbesserungswürdig ist und unter Umständen von einer neuen, erweiterten Theorie in größere Zusammenhänge gebracht wird, wo sie als Grundbestandteil weiterhin gilt. Als Musterbeispiel dafür lassen sich die von *Isaac Newton* entwickelten Gesetze anführen, nach denen noch heute Brücken konstruiert und Satellitenbahnen errechnet werden, die aber inzwischen von Einsteins Relativitätstheorie in neuere und größere Zusammenhänge gestellt wurden.

Hätten mutige Vordenker vor hundert Jahren unseren Vorfahren den heutigen Stand der Technik und Wissenschaft vorhergesagt, wären sie mit hoher Wahrscheinlichkeit nicht ernst genommen worden. Meistens gestaltet sich die Zukunft erheblich anders und häufig phantastischer als sich selbst Zukunft begeisterte Forscher ausmalen können.

## Wie könnte die Evolution nach uns weitergehen?

Es gibt zahlreiche kosmologische Zukunftsmodelle, die alle – trotz unterschiedlich großer Wahrscheinlichkeit – den Nachteil haben, dass sie zurzeit höchstens teilweise überprüfbar sind. Dennoch bieten sie nicht nur den Wissenschaftlern interessante Aspekte und Aussichten. Besonders für Christen, die an ein ewiges Leben glauben, sind die derzeitigen Kenntnisse – auch wenn sie insgesamt wissenschaftlich noch nicht als gesichert gelten, von großem Interesse. Ich möchte nur einige wichtige Modellvorstellungen erläutern.

Zunächst geht es um die künftige Evolution unseres Sonnensystems: Nach dem Verzehr des Fusionsbrennstoffs Wasserstoff wird sich unsere Sonne in etwa 2,7 Milliarden Jahren aufblähen und Merkur und Venus »verspeisen«. Auch die Erde wird so lädiert, dass Leben keine Chance mehr hat. Das Universum, das bisher etwa 13,7 Milliarden Jahre besteht, soll sich immer weiter mit zunehmender Geschwindigkeit ausdehnen. In etwa $10^{14}$ Jahren, ein Zeitraum, der etwa 10 000mal größer ist als das bisherige Alter des Universums, sind die galaktischen Gas- und Staubwolken verbraucht, so dass keine neuen Sterne mehr entstehen können. Die vorhandenen erlöschen, bis alle »Lampen« des Universums ausgeschaltet sind. Dann beginnt die Phase des Zerfalls, wobei sich kosmische Strukturen auflösen. Die Ausdehnung des Universums treibt Strukturen auseinander. Ein Teil der toten Sterne und anderer Gebilde gelangt in die Anziehungsbereiche riesiger Schwarzer Löcher, die bisher als Zentren von Galaxien wirkten. Diese gewaltigen Monster der Schwerkraft können auf Massen anwachsen, die dem Zehnmilliardenfachen unserer Sonne entspricht. Doch irgendwann geht ihnen bei ihren kannibalischen Orgien das »Futter« aus. In der Phase des Zerfalls verschwindet sogar die Materie. Atome werden instabil. Danach sollen sich auch die bisher für stabil gehaltenen Protonen und Neutronen in Positronen, Neutrinos, Pionen und Photonen umwandeln. Es hilft nichts: Langsam scheint die gesamte beobachtbare Materie des Universums durch Zerfall oder in Schwarzen Löchern zu verschwinden. Doch auch die Schwarzen Löcher haben keine ewige Zukunft. Da sie in kalter Umgebung Wärme abgeben müssen, zerstrahlen sie in sehr großen Zeiträumen. Riesenmonster existieren noch länger. Sie werden immer heißer, bis sie in einem Blitz aus Gammastrahlen von der Bildfläche des Kosmos verschwinden.

In der letzten Phase wird es sehr einsam im Universum: Hin und wieder trifft noch mal ein Elektron auf ein Positron, wobei beide zu Energie zerstrahlen. Die restlichen verbliebenen Elektronen, Positronen und Neutrinos bewegen sich immer mehr in Entfernungen, die größer sind als das heute bekannte Universum. Sollten sich Protonen doch als stabil erweisen, würden sie in riesigen Zeiträumen zu Schwarzen Löchern werden und danach zerstrahlen.

Dichte und Temperatur der kosmischen Hintergrundstrahlung nehmen zwar weiter ab, die Temperatur wird aber vermutlich nie den absoluten Nullpunkt (–273,15 Grad Celsius) erreichen. Nach den Gesetzen der Physik wird es keine absolute Stille geben, da die physikalischen Vorgänge nicht aufhören (nach *Rüdiger Vaas*: Bild der Wissenschaft 6/1999).

## Expansionen im Universum

**Prolog:** Seit dem Urknall dehnt sich das Universum aus. Dabei geht es nicht um die Ausdehnung in einen vorhandenen Raum hinein, sondern um die Ausdehnung des Raumes selbst. Nach neueren Erkenntnissen beschleunigt sich nicht nur die Ausdehnung, sondern sogar die Beschleunigung. Kann das ewig so weitergehen?

Was bei der Expansion im Universum seit dem Urknall passierte und was auch in Zukunft geschehen soll, ist nicht ganz einfach zu verstehen. Um die wichtigsten Erkenntnisse, die sich aus Einsteins Relativitätstheorien ergeben, kurz vorzustellen, beziehe ich mich überwiegend auf Aussagen der Astronomen *Charles H. Lineweaver* und *Tamara M. Davis* (Australien).

Wenn z. B. ein Gas ausströmt oder eine Bombe explodiert, expandieren Stoffe in den umgebenden Raum hinein. Auch das Universum expandiert. Die Abstände zu fernen Galaxien werden durch die Fluchtgeschwindigkeit größer. Das heißt aber nicht, dass sich die Galaxien durch den Raum von uns fortbewegen, sondern dass der Raum selbst expandiert. Die Galaxien bewegen sich wohl innerhalb ihres Galaxienhaufens (S. 54), dieser aber befindet sich in relativer Ruhe.

Der Raum benötigt keine vierte Dimension, in die er hineinströmt, da er nach der »Allgemeinen Relativitätstheorie« von *Albert Einstein* selbst dynamisch ist. Er kann schrumpfen sowie sich ausdehnen und krümmen.

Das Universum braucht kein Zentrum. Es besetzt bei der Expansion keinen vorher unbesetzten Raum. Der Urknall war also keine Explosion in einen »Warteraum« hinein, sondern eine Explosion des ersten Raumes.

»Kosmologen sprechen manchmal davon, unser Universum sei einst so groß wie eine Pampelmuse gewesen. Was sie wirklich meinen, ist: Der Teil des Universums, den wir heute sehen können – der beobachtbare Kosmos –, war einmal so groß wie eine Pampelmuse.« (*Charles H. Lineweaver, Tamara M. Davis*, Spektrum der Wissenschaft, Mai 2005)

Sollte es in einer fernen Galaxie intelligente Beobachter geben, wäre ihnen ein beobachtbares Universum zugänglich, das teilweise mit dem von uns erfassbaren übereinstimmen würde. Sie könnten aber auch Galaxien betrachten, die unseren Blicken verborgen bleiben müssten. Umgekehrt haben wir Einblicke in Bereiche des Universums, die ihnen verborgen wären.

»Wir können uns also das frühe Universum als einen Stapel von einander durchdringenden Pampelmusen vorstellen, der sich in alle Richtungen unendlich ausdehnt.« (*Charles H. Lineweaver, Tamara M. Davis*, Spektrum der Wissenschaft, Mai 2005)

Die von *Edwin Hubble* 1929 entdeckte und nach ihm benannte Hubble-Konstante zeigt, wie schnell der Raum – von jeder beliebigen Stelle des Universums aus betrachtet – expandiert. Sie erklärt das durchschnittliche Verhalten der Galaxien. So kann sich z. B. in dem für uns zuständigen Galaxienhaufen die Andromeda-Galaxie unserer Galaxis (Milchstraße) nähern.

Nach der Hubble-Konstanten steigt die Expansionsgeschwindigkeit mit zunehmender Entfernung an. Wenn sich z. B. eine Galaxie mit einer Fluchtgeschwindigkeit von etwa 1000 Kilometer je Sekunde von uns entfernt, so erzielt eine andere, deren Abstand von uns doppelt so groß ist, eine Fluchtgeschwindigkeit von etwa 2000 Kilometer je Sekunde. Ab einem Abstand von etwa 14 Milliarden Lichtjahren (Hubble-Abstand) entfernt sich eine Galaxie mit ihrem Galaxienhaufen von uns sogar mit Überlichtgeschwindigkeit. Wie kann das aber geschehen, da sich nach der »Speziellen Relativitätstheorie« von *Einstein* nichts schneller als das Licht bewegt? Einsteins Aussage gilt nur für solche Geschwindigkeiten, die mit Bewegungen in einem Raum zusammenhängen. Die Fluchtgeschwindigkeit nach dem Hubble-Gesetz muss aber mit der »Allgemeinen Relativitätstheorie« erklärt werden. Sie braucht sich nicht den Beschränkungen der Speziellen Relativität unterwerfen, da sie durch die Expansion des Raumes verursacht wird. In einem Raum ist also weiterhin nichts schneller als die Lichtgeschwindigkeit.

»Expandiert der Raum, dehnen sich auch die Wellenzüge des Lichts, die sich in diesem Raum ausbreiten. Wenn das Universum seine Größe während der Reise der Photonen verdoppelt, strecken sich deren Wellenlängen auf das Doppelte und ihre Energie halbiert sich… Auf diese Weise kühlt das Universum infolge der Expansion ab…

Die kosmische Hintergrundstrahlung hat heute beispielsweise eine Temperatur von knapp drei Kelvin. Freigesetzt wurde sie hingegen, als das Universum rund 3000 Kelvin heiß war. Während die Temperatur der Photonen also seitdem auf ein Tausendstel gefallen ist, hat sich das Universum entsprechend auf das Tausendfache ausgedehnt.« (*Charles H. Lineweaver, Tamara M. Davis*, Spektrum der Wissenschaft, Mai 2005, S. 43)

Wenn die Wellenlängen um etwa 50 % länger geworden sind (Rotverschiebung), stimmen Flucht- und Lichtgeschwindigkeit überein. Die kosmische Rotverschiebung hat dann den Wert von 1,5. Ab solchen Rotverschiebungswerten dürfte eigentlich keine Strahlung mehr bis zu uns dringen, da dann die Fluchtgeschwindigkeit der Galaxien größer wird als die Lichtgeschwindigkeit der Strahlen, die sich in Richtung Erde bewegen. Dennoch beobachten Astronomen inzwischen über 1000 Galaxien, die eine Rotverschiebung über 1,5 haben. Wenn sich z. B. aus einer etwas über 14 Milliarden Lichtjahre entfernten Galaxie ein Lichtstrahl auf den Weg zu uns macht, dürfte er uns eigentlich nie erreichen. Astronomen haben aber eine Erklärung gefunden, weshalb wir Licht von Galaxien empfangen können, die uns mit Überlichtgeschwindigkeit aus dem Wege gehen. Sie entdeckten, dass der Hubble-Abstand – die Entfernung, von der ab die Fluchtgeschwindigkeit größer wird als die Lichtgeschwindigkeit – keine konstante Größe ist, sondern im Laufe der Zeit zunimmt. Der Raum, den ein Lichtstrahl bereits durchquert hat, vergrößert sich nämlich während der weiteren Lichtstrahlreise unabhängig vom Lichtstrahl. Deshalb kann Licht, das schon mal außerhalb des Hubble-Abstands war, wieder in einen Bereich gelangen, in dem die Fluchtgeschwindigkeit geringer ist als die Lichtgeschwindigkeit. Diese Einsichten erhalten eine besondere Bedeutung durch die Erkenntnis, dass sich der Raum unseres Universums mit zunehmender Beschleunigung ausdehnt. Vorher ging man davon aus, dass lediglich der Hubble-Abstand mit zunehmender Fluchtgeschwindigkeit größer wird, nicht aber eine Beschleunigung der Beschleunigung erfolgt.

Die Vorgänge lassen sich etwas anschaulicher erfassen, wenn man mal die Reise eines Photons (masseloses Teilchen des Lichts) verfolgt, das sich vor langer Zeit aus einer weit entfernten Galaxie zu uns auf den Weg machte:

»Anfangs wird das Photon tatsächlich durch die Expansion von uns weggedrängt. Doch die Hubble-Entfernung ist nicht konstant: Sie wächst an, und zwar so weit, dass sie schließlich das Photon erreicht. Befindet sich das Photon aber erst einmal innerhalb des Hubble-Abstands, bewegt es sich schneller auf uns zu, als sich die Entfernung zur Erde vergrößert – es kann uns also erreichen…

Die augenblickliche Entfernung zu unserem kosmischen Ereignishorizont beträgt 16 Milliarden Lichtjahre, er befindet sich also deutlich innerhalb des von uns beobachtbaren Bereichs. Licht, das jetzt von Galaxien ausgeht, die sich jenseits dieses kosmischen Ereignishorizonts befinden, kann uns niemals erreichen – der Raum zwischen ihnen und uns expandiert zu schnell. Wir werden zwar solche Ereignisse sehen können, die in diesen Galaxien stattfanden, bevor sie den Horizont überquerten, aber nachfolgende Ereignisse werden für alle Zeiten außerhalb unserer Sichtweite bleiben.« (*Charles H. Lineweaver, Tamara M. Davis*, Spektrum der Wissenschaft, Mai 2005, S. 45)

Die Ausdehnung des Raums (ohne Beschleunigung) verursacht keine Kraft auf Materie. Die Wellenlänge des Lichts dehnt sich wohl mit dem Universum aus, da die Photonen des Lichts keine Materie besitzen. Körper aus Materie werden durch Gleichgewichte unterschiedlicher Kräfte reguliert. Deshalb vergrößern sich Körper bei gleichmäßiger Expansion des Universums nicht. Im Bereich der Galaxien werden diese anfangs zwar auseinander gezogen, aber irgendwann entsteht bei den Expansions- und Anziehungskräften ein Gleichgewicht. Dabei bilden sich Galaxienhaufen (S. 54), die jeweils ihre stabile Größe behalten, sich aber als Haufen voneinander entfernen. Durch die Beschleunigung der Expansion bildet sich auf gebundene Körper eine kleine, nach außen gerichtete Kraft, sodass diese inzwischen etwas größer sind, als sie es bei gleichmäßiger Expansion des Universums wären. Die zur Vergrößerung drängende Kraft erreicht aber in unserer Zeit nur einen winzigen Bruchteil der nach innen gerichteten Gravitation. Sie hat z. B. auf der Oberfläche der Erde einen Anteil von $10^{-30}$ der Gravitationskraft. Die dadurch entstehende Vergrößerung ist zurzeit unbedeutsam. Wenn sich aber die Expansion des Universums immer weiter beschleunigt (beschleunigte Beschleunigung), könnte es nach langen Zeiträumen dazu kommen, dass alle Materiestrukturen im Universum zerreißen.

Mit dieser Begründung wird erklärbar, weshalb die im vorherigen Abschnitt (S. 83) erläuterte Auflösung der Materie erfolgt.

## Zukunftsmodelle Quintessenz

Wenn die Dunkle Energie (S. …), die für die immer schnellere Expansion des Universums verantwortlich sein soll, ewig weiter wirkt, wird irgendwann auch den abenteuerlichsten Lebensformen mit denkbar niedrigstem Energieverbrauch die erforderliche energetische Puste ausgehen.

Aus dieser Sackgasse möchten neue Denkansätze herausführen, die unter Dunkler Energie ein bisher unbekanntes Quantenfeld verstehen, dessen Stärke mit der Zeit abnimmt. *Christoff Wetterich* (Heidelberg) und *J. Steinhardt* (Princeton University) nennen ein solches Quantenfeld »Quintessenz«. Es soll sogar zerfallen und dabei neue Materie und Strahlung hervorbringen können. Durch diesen Prozess werden in unserem Universum riesige Blasen entstehen, in deren Hüllen die neue Materie und Strahlung konzentriert wird, während die Innenräume leer sein müssen. In solche Hüllen können vorher noch im bisherigen Universum vorhandene Lebensformen gelangen, um dort weiter zu leben. Vielleicht ist die neue Materie auch in der Lage, völlig neue Lebensformen zu entwickeln.

Nach einem anderen Denkmodell von *De-Hai Zhang* (Peking) und *W.-Y. Pauchy Hwang* (Taipei) soll ein Zerfall des Quantenfeldes »Quintessenz« zunächst zu einer Verzögerung der Expansion und schließlich zu einem Kollaps des Universums führen. Der dadurch ausgelöste Endknall (Big Crunch oder das große Knirschen) muss nicht unbedingt das Ende des Universums bedeuten.

*Paul Steinhardt und Neil Turok* (Cambridge) entwickelten ein erweitertes Quintessenz-Modell. Danach kann beim Kollaps ein neues Quantenfeld entstehen, das aus dem Endknall einen neuen Urknall hervorzaubern wird. Nach so einem Urknall vergeht bis zu einem weiteren Endknall wieder viel Zeit, in der irgendwann vielleicht sogar intelligente, menschenähnliche Lebewesen sich erneut Gedanken über vergangene oder noch künftig mögliche Universumsphasen machen dürfen. Nach diesem Denkmodell soll das Universum mit Hilfe des Quantenfeldes Quintessenz einen immer wiederkehrenden ewigen Prozess aus Ur- und Endknall erfahren (nach *Rüdiger Vaas*: Bild der Wissenschaft, 4/2002, S. 42 ff).

# Zweiter Teil:
# Religiöse Fragen und Beziehungen

# 5. Kapitel
# Spurensuche

## Unterschiedliche Denkwelten treffen zusammen

**Prolog:** Wenn sich naturwissenschaftliche und theologische Denkweisen begegnen, können leicht Probleme entstehen.

Beweise für eine Existenz oder Nichtexistenz Gottes im Rahmen naturwissenschaftlicher Spielregeln gibt es nicht. Nur der Glaube hilft weiter. Beide Glaubensrichtungen können aber im naturwissenschaftlichen Wissen nach Argumenten für ihren Glauben suchen.

### Wichtige Begegnungen

Nach einigen Jahrhunderten mühevoller Entwicklung hat die Naturwissenschaft tiefe Einblicke in die Gesetze der Natur gewonnen. Gläubige Christen können inzwischen den modernen Kenntnisstand erfolgreich nutzen, um nach »Spuren Gottes« zu suchen.

Solche Bemühungen sind spannend, aber nicht problemlos, da völlig unterschiedliche Denkwelten aufeinander treffen, so dass leicht Missverständnisse auftreten.

Manche Theologen lehnen es ab, bei der Frage nach Gott naturwissenschaftliche Erkenntnisse zu berücksichtigen. Nach ihrer Ansicht ist die Behandlung solcher Fragen ausschließlich der Theologie vorbehalten.

Naturwissenschaftler sind der Meinung, dass Gott in der Naturwissenschaft nichts zu suchen hat. Bisher konnten sie noch immer naturwissenschaftliche Antworten auf Fragen finden, die in früheren Zeiten ohne die Einbindung Gottes unlösbar schienen. Dennoch erkennen die meisten inzwischen an, dass die Naturwissenschaft nicht alle Fragen der Natur und des menschlichen Lebens klären kann. Es gibt genügend Bereiche, in denen z. B. Kunst, Philosophie oder Religiosität Maßstäbe setzen.

## Keine naturwissenschaftlichen Beweise für Gottes Existenz oder Nichtexistenz

Naturwissenschaftler handeln richtig, wenn sie Gott aus ihren Gleichungen und Theorien herauslassen. Sie benötigen keine Formelgrößen, Komponenten oder Konstanten mit der Bezeichnung »göttliches Wirken«. Sie müssen im Rahmen ihrer Wissenschaft – auch im Interesse der Religionen – ganz streng nach den Gesetzen der Naturwissenschaft vorgehen. Dabei können sie aber die volle Wirklichkeit, zu der auch Realitäten wie Liebe, Angst, Hoffnung und Glaube gehören, nicht erfassen.

Manche Naturwissenschaftler ziehen aus der Erfahrung, dass Gott in der Naturwissenschaft nicht gebraucht wird, den Schluss, dass Gott deshalb auch nicht existiert. Sie nutzen ihre messerscharfe Logik, um in einer scheinbar naturwissenschaftlichen Denkweise zu begründen, dass es Gott nicht gibt. Diese Art von Philosophie ist nicht redlich. Weder Gottes Existenz noch seine Nichtexistenz lassen sich naturwissenschaftlich beweisen. Selbst dann, wenn die Begründung in einer naturwissenschaftlichen Sprachform erfolgt, ist die Annahme, dass Gott nicht existiert, genauso ein Glaubensakt, wie die Überzeugung der Christen, dass es einen persönlichen Gott gibt, zu dem sie beten können. Diese einfache Erkenntnis dringt leider viel zu langsam in verfestigte Denkweisen ein.

Bevor die Naturwissenschaft ihren eigenen strengen Stil fand, glaubten Vertreter der Kirche, den Naturwissenschaftlern aus religiösen Gründen Vorgaben machen zu können. Sie erwarteten von ihnen Unterstützung in Glaubensfragen. Der Fall *Galileo Galilei* kann dafür als Beispiel dienen. Zum Glück für alle hat sich die Naturwissenschaft rechtzeitig »freigeschwommen«. Die daraus entstandenen Konflikte sind heute noch nicht vollständig beseitigt.

Der bekannte Naturwissenschaftler *Steven Weinberg* schildert es so: »Oft hört man, es gebe keinen Konflikt zwischen Wissenschaft und Religion. Das mag für viele, die sich als religiös betrachten, zutreffen, aber das liegt nur daran, dass die Religion sich im Laufe vieler Jahrhunderte von einstigen Bastionen zurückgezogen hat… Noch im neunzehnten Jahrhundert galt der Bauplan von Pflanzen und Tieren als sichtbarer Beweis für die Existenz eines Schöpfers. Noch immer gibt es unzählige Dinge in der Natur, die wir nicht erklären können, aber wir glauben die Prinzipien zu kennen, die ihr Verhalten bestimmen. Echte Rätsel werden uns heute nur noch in der Kosmologie und in der Elementarteilchenphysik aufgegeben. Der Rückzug der Religion aus den von der Wissenschaft besetzten Bereichen ist nahezu abgeschlossen.« (*Steven Weinberg*, Der Traum von der Einheit des Universums, S. 259)

## Der Naturwissenschaft nicht ins Handwerk pfuschen

In dieser Entwicklung liegt ein großer Vorteil, denn nun haben theologische Fundamentalisten keine Chance mehr, die Arbeit der Naturwissenschaftler mit religiösen Argumenten zu beeinflussen. Leider haben sie es in den vergangenen Jahrhunderten immer mal wieder versucht, obwohl sie dauernd den Kürzeren zogen und sich anschließend murrend hinter neue Festungswälle zurückziehen mussten.

Um es noch einmal in einfacher Form zu verdeutlichen: Auf der einen Seite gibt es die Naturwissenschaftler mit ihren Erkenntnissen, auf der anderen die Glaubenden, die sich in Atheisten und Gottgläubige unterteilen lassen. Naturwissenschaftler haben keine Beweise für die Nichtexistenz oder Existenz Gottes. Die naturwissenschaftlichen Erkenntnisse, die zwar noch nicht vollständig sind, jedoch heute schon sehr viele beweisbare Einblicke in die Natur des Universums bieten, stehen den Glaubenden für eine Spurensuche und für Interpretationen zur Verfügung. Dagegen kann sich die Naturwissenschaft nur dann glaubhaft wehren, wenn ihre Aussagen missbraucht oder falsch übernommen werden. Im Sinne dieser »Flurbereinigung« ist es völlig korrekt, wenn ein Atheist naturwissenschaftliche Fakten so interpretiert, dass sie seinen Glauben unterstützen. Er darf sie nur nicht als Beweise missverstehen. Umgekehrt darf auch der Mensch, der an Gottes Existenz glaubt, im Meer des naturwissenschaftlichen Wissens Fakten fischen, wenn diese im Rahmen seiner Interpretationen auf einen Gott hinweisen. Christen können ein geradezu freundschaftliches Verhältnis zur Naturwissenschaft entwickeln, wenn sie von ihr nicht exakte Beweise für Gottes Existenz verlangen.

## Grenzen für Naturwissenschaft

Trotz der großen Erfolge der Naturwissenschaft weisen bedeutende Naturwissenschaftler immer wieder darauf hin, dass ihre Erkenntnisse noch lange nicht alles sein können.

Auch die feinmaschigsten Netze der Naturwissenschaft sind nicht in der Lage, alles zu fangen, was sich im »Meer der Erkenntnis« tummelt. Viele Bereiche des Lebendigen, wie z.B. Musikerleben, Liebe, Feindschaft und Religiosität, gehören zu den Bestandteilen, die durch die Maschen der genannten Netze rutschen.

Zusammenfassend lässt sich Folgendes sagen: Die Naturwissenschaft kann wesentliche Fragen dieser Welt klären, aber nicht alle. Es bleiben wichtige Bereiche der menschlichen Existenz, für die die Naturwissenschaft nicht zuständig ist.

Atheisten und Gottgläubige können Erkenntnisse der Naturwissenschaft für ihre Glaubensvorstellungen nutzen, sie dürfen sie nur nicht als Beweise missbrauchen.

Wer diese verblüffend einfachen Gedanken als Spielregeln für das spannende Miteinander von naturwissenschaftlichen Erkenntnissen und Glaubensfragen akzeptiert, findet neue Wege durch einen Dschungel aus Vorurteilen, Besserwisserei, Überheblichkeit und Intoleranz. Er kann es wagen, an die Erkenntnisse der Naturwissenschaft unbefangen heranzugehen und sie z.B. nach Argumenten für atheistische Vorstellungen oder Spuren Gottes zu durchsuchen. Außerdem lassen sich bisherige atheistische Behauptungen oder religiöse Aussagen im grellen Licht naturwissenschaftlicher Ansprüche kritisch betrachten. Natürlich wäre es mehr als vermessen, den Eindruck zu erwecken, dass mit den erwähnten Spielregeln alle Probleme gelöst wären.

## Spuren Gottes

**Prolog:** Die Bedeutung der Zufälle im Weltgeschehen wurde schon an anderen Stellen erwähnt. Ein allmächtiger Gott muss in der Lage sein, auch Zufälle aller Art zu steuern. Doch ob und wann er so etwas macht, bleibt uns Menschen verborgen. Die folgenden Beispiele erlauben Gottgläubigen zu glauben, dass Gott wenigstens teilweise seine Hand im Spiele hatte. Als Beweise sind sie aber nicht zu gebrauchen, höchstens als Spuren Gottes.

### Bedeutung des Glaubensaktes

Es ist interessant zu erfahren, dass seit dem Urknall unzählige »Zufälle« in der richtigen Art (klassische Zufälle oder Quantenzufälle) und zur rechten Zeit geschehen mussten, damit es heute Menschen gibt, die z.B. naturwissenschaftliche Forschungen betreiben können beziehungsweise zu künstlerischen oder religiösen Empfindungen fähig sind. Wohlgemerkt, diese Zufälle, die geradezu nach einem Urheber rufen, sind keine wissenschaftlichen Beweise für eine zielbewusste Steuerung – also für die Existenz Gottes, aber sie erleichtern das Glaubensleben und ermöglichen Christen, Gott in neuen Dimensionen zu suchen. Der eigentliche Glaubensakt muss schon persönlich, ohne Rückgriff auf naturwissenschaftliches Wissen, geleistet werden. Ich sehe in dem Aspekt, dass Gott uns Menschen echte Glaubens-Eigenleistungen zumutet, eine wohltuende Herausforderung. Er zeigt damit, dass er uns sehr ernst nimmt und unseren persönlichen Entscheidungen einen hohen Stellenwert beimisst.

## Unzählige Zufälle

Bei den folgenden Beispielen für Zufälle ist es nicht möglich, klassische oder Quantenzufälle zu unterscheiden, obwohl beide Arten von Zufällen eine bedeutende Rolle spielten. Die Beispiele werden meistens als Zitate vorgestellt, damit die Gedanken der Urheber klarer zur Geltung kommen: Weshalb hat das Universum mit der für uns genau richtigen **Ausdehnungsgeschwindigkeit** begonnen?

*Stephen Hawking* äußert sich dazu:

»Wäre die Expansionsgeschwindigkeit eine Sekunde nach dem Urknall nur um ein Hundertmillionstel Millionstel kleiner gewesen, so wäre das Universum wieder in sich zusammengefallen, bevor es seine gegenwärtige Größe erreicht hätte.« (Kurze Geschichte der Zeit, S. 155)

Weshalb existieren die **Grundkonstanten** überhaupt und weshalb sind sie so, wie sie sind? Bisher hat man noch keine Theorie, die ihre Größen eindeutig erklärt, obwohl diese im gesamten Universum die gleichen Werte besitzen.

Der Physiker *Paul Davies* hat sich zu dieser Frage interessante Gedanken gemacht:

» In diesem Bereich finden wir die überraschendsten Hinweise auf einen großen Plan. Mit den Grundkonstanten meinen die Physiker gewisse Größen, die in der Physik eine grundlegende Rolle spielen… Einige wenige Beispiele werden zur Erläuterung dessen genügen: Ein Wasserstoffatom auf einem fernen Stern ist in jeder Hinsicht so wie auf der Erde – Abmessungen, Masse und innere elektrische Ladungen stimmen überein. Doch liegen die diesen Größen zugeordneten Werte für uns im Dunkeln. Warum ist im Wasserstoffatom das Proton 1836mal schwerer als das Elektron? Warum ist es gerade dieser Wert?

Warum sind seine elektrischen Ladungen gerade von der und der Stärke und keiner anderen? … Atomkerne werden durch die starke Kernkraft zusammengehalten… Auch wenn wir nicht wissen, warum die starke Kernkraft genau von der Stärke ist, die sie besitzt, so wissen wir doch, dass im anderen Falle das Universum gänzlich anders aussähe – und ob dann Leben möglich wäre, ist zweifelhaft… Beispielsweise würde eine Änderung der Gravitationskraft um lediglich 1 : $10^{40}$ genügen, diese rein numerische Übereinstimmung aus dem Gleichgewicht zu bringen. In einer solchen Welt wären dann alle Sterne entweder Weiße Riesen oder Rote Zwerge. Sterne wie die Sonne gäbe es nicht und, könnte man daraus folgern, auch kein Leben von der Art, das auf solche Sterne wie unsere Sonne angewiesen ist. Die Liste der allem Anschein nach für die Struktur der beobachteten Welt erforderlichen numerischen »Zufälle« ist so lang, dass man sie hier nicht im Einzelnen durchgehen kann… Die feine Abstimmung bei den Werten der Konstanten, die erforderlich sind, damit die verschiedenen Zweige der Physik in so glücklicher Weise zueinander passen, wäre auf Gott zurückführbar… Da eine solche Schlussfolgerung allerdings nur subjektiv sein kann, läuft das Ganze letztlich auf eine Glaubensfrage hinaus.« (*Paul Davies*, Gott und die moderne Physik, S. 244–247)

Die Wissenschaftler nennen den Ausgangspunkt des Urknalls Anfangssingularität. *Roger Penrose*, ein bekannter Mathematiker und Physiker, der als Kollege von *Stephen Hawking* gemeinsam mit ihm über Raumzeitstrukturen auf großen Skalen einschließlich Singularitäten und Schwarzen Löchern gearbeitet hat, und mit hohen Ehrungen bedacht wurde, meint zur **Singularität beim Urknall**:

»Wie groß ist die Wahrscheinlichkeit dafür, dass das Universum aus reinem Zufall eine Anfangssingularität aufwies, die der Wirklichkeit wenigstens entfernt nahe kommt? Die Wahrscheinlichkeit ist kleiner als 1 : 10 hoch 10 hoch 123. Woher stammt dieser Schätzwert? Er wurde aus einer Formel von *Jacob Bekenstein* und *Stephen Hawking* für die Entropie Schwarzer Löcher abgeleitet, und wenn man die Formel in diesem speziellen Zusammenhang anwendet, kommt man auf diesen Wert… Was sagt dies über die Genauigkeit aus, die im Spiel gewesen sein muss, als der Urknall ausgelöst wurde? Sie muss wirklich ganz außerordentlich groß gewesen sein. Ich habe dies in einem Cartoon veranschaulicht, in dem der Schöpfer einen winzig kleinen Punkt im Phasenraum sucht, der die Anfangsbedingungen repräsentiert, von denen aus sich unser Universum entwickelt haben muss, wenn es auch nur entfernt demjenigen ähneln soll, in dem wir leben. Um diese Bedingungen zu treffen, musste der Schöpfer den entsprechenden Punkt im Phasenraum mit einer Genauigkeit von 1 : 10 hoch 10 hoch 123 lokalisieren. Selbst wenn ich jedes Elementarteilchen in unserem Universum mit einer Null identifizieren würde, könnte ich diese Zahl nicht in voller Länge aufschreiben. Sie ist einfach riesig groß.« (*Penrose*, Das Große, das Kleine und der menschliche Geist, S. 67–69)

Der Physiker *Lee Smolin* fragt: »**Warum gibt es Sonnen?** Weshalb sind die Massen der Elementarteilchen gerade so groß, dass sie stabile Atome zulassen? Warum ist unser Universum lebensfreundlich, und besteht nicht aus einer gleichförmigen Neutrinowolke?« (Bild der Wissenschaft, 11/99)

Nach Ansicht von Kosmologen waren in den ersten Momenten unseres Universums **Quantenfluktuationen** (S. …) von großer Bedeutung für die spätere bis heutige Struktur. Im Nachhinein kann man feststellen, dass diese Fluktuationen äußerst günstig für uns Menschen verlaufen sind. Bald nach dem Urknall haben sich unvorstellbare Mengen von Teilchen und Antiteilchen gegenseitig zu reiner Energie vernichtet (S. 61). Ein »geringes« Überangebot an Teilchen sorgte dafür, dass bei einer gegenseitigen Auslöschung von einer Milliarde Teilchen und Antiteilchen nur ein Teilchen »überlebte«. Aus solchen »Glückspilzen« bildete sich die gesamte Materie des Universums. Auch die Materie unseres Körpers, die sich im Prinzip etwa alle zehn Jahre erneuert, gehört dazu. Wäre das Verhältnis nicht so gewesen, gäbe es keine Materie aus Protonen, Neutronen und Elektronen oder eine katastrophale Überfülle davon. Schon bei einer Veränderung des Teilchenrests von einem zehnbilliardstel Prozent hätte das heutige Universum nicht entstehen können. Auch diese Aussage deutet auf eine Genauigkeit hin, die dem menschlichen Vorstellungsvermögen verschlossen bleibt.

Der Astrophysiker *Michael Turner* von der University of Chicago vergleicht die **Präzision vieler Abläufe** während der Entstehungsphase des Universums mit einem gezielten Wurf:

»Die Präzision ist etwa so, wie wenn jemand einen Dartpfeil durch das gesamte Universum wirft und auf der anderen Seite genau die Mitte trifft, die nur einen Millimeter groß ist.« (Star Observer, 10/2000, S. 16)

Manche Kosmologen haben sich die Frage gestellt, was wohl geschehen wäre, wenn es **andere mögliche Welten** mit unterschiedlichen Größen, Temperaturen, Altersstufen und Massen gäbe. Sie kamen zu der Überzeugung, dass die uns bekannte Chemie unmöglich wäre, wenn die Grundkräfte nur etwas andere Stärken hätten als in unserem Universum. Dann gäbe es auch keine Kohlenstoffverbindungen und kein Leben in der uns bekannten Art. Solche Universen wären nicht in der Lage, die Grundbausteine des Lebens zu erzeugen oder das für eine Weiterentwicklung erforderliche Umfeld zu schaffen.

Trotz günstiger Anfangsbedingungen mussten in unserem Universum noch unzählige, gut aufeinander abgestimmte Zufälle passieren, damit wenigstens in einem winzigen Teilbereich der von den Grundbedingungen her ein wenig »lebensfreundlichen« Welt Leben entstehen konnte. Wissenschaftler haben sich über diese Entwicklung Gedanken gemacht. Einer von ihnen, *John D. Barrow*, meint dazu:

»Wir können uns eine ganze Sammlung hypothetischer »anderer Universen« vorstellen, in denen alle Größen, die die Struktur unseres Weltalls definieren, alle möglichen Permutationen von Werten durchlaufen, und finden, dass fast alle die anderen möglichen Welten, die wir auf dem Papier geschaffen haben, Totgeburten sind. Sie führen nicht zu jener Art chemischer Komplexität, die wir Leben nennen.« (*Barrow*, Die Natur der Natur, rororo, S. 542)

*Barrow* wendet sich allerdings gegen die Schlussfolgerung, diese und andere Erkenntnisse als Beweise für die Existenz eines Gottes zu werten.

»Die große Reichweite bemerkenswerter Übereinstimmungen zwischen Werten von Naturkonstanten, die es komplexen Lebewesen erlaubt haben, sich zu entwickeln, sind nur notwendige Bedingungen für die Existenz von Leben. (*Barrow*, Die Natur der Natur, S. 550)

Der Astrophysiker *George Smoot*, der gemeinsam mit seinem Team die Hintergrundstrahlung gemessen und erforscht hat, beurteilt das Universum so:

»Je mehr wir über das Universum erfahren, desto mehr erkennen wir, wie sich alles ineinander fügt, dass das uns umgebende Meer von Materie, Sternen und Galaxien eine grundlegende Einheit aufweist. Außerdem erkennen wir, wenn wir das **Universum als Ganzes** erforschen, immer mehr, dass Mikrokosmos und Makrokosmos ein und dasselbe sind. Wenn wir beides zusammennehmen, wird uns bewusst, dass die Natur nicht deshalb so ist, wie sie ist, weil sie das Zufallsergebnis einer zufälligen Reihe von sinnlosen Ereignissen ist, sondern das Gegenteil: Das Universum ist, wie es ist, weil es so sein muss. Seine Entwicklung war in den Anfängen festgelegt, sie steckte, wenn man so sagen darf, in seiner kosmischen DNA. Die **Entwicklung des Universums** lässt eine klare Ordnung erkennen, die von Einfachheit und Symmetrie zu wachsender Komplexität und Struktur führt. Im Laufe der Zeit vereinigten sich einfache Komponenten zu komplizierten Bausteinen, die eine reichere, vielfältigere Umwelt hervorbringen. Dem Zufall kommt eine wesentliche Rolle in der Entwicklung der Mannigfaltigkeit zu. *Albert Einstein* hatte in diesem Sinne (wenn auch nicht im Sinne der Quantenphysik) richtig erkannt, dass Gott nicht mit dem Universum spielt. Während Einzelergebnisse Zufallssache sind, besitzt die Entwicklung höherer komplexer Systeme insgesamt den Charakter der Unvermeidlichkeit. Es erscheint ganz natürlich, dass sich Wesen entwickelt haben, die das Universum in Frage stellen und verstehen können. Ich fände es sehr erstaunlich, wenn eine solche Intelligenz nicht an vielen Orten in unserem sehr großen Universum entstanden wäre… Das **religiöse Schöpfungskonzept** entspringt einem Staunen über die Existenz des Universums und unsere Stellung in ihm. Auch das naturwissenschaftliche Schöpfungskonzept ist mit einem Staunen verknüpft: Ehrfürchtig stehen wir vor der äußersten Einfachheit und der schöpferischen Kraft der physikalischen Natur – und vor ihrer Schönheit auf allen Ebenen.« (*George Smoot*, Das Echo der Zeit, S. 349)

**Unser Sonnensystem** darf sich glücklich schätzen, dass es an der richtigen Stelle in der Milchstraße platziert ist.

Es hat sich aus einem chaotischen Durcheinander entwickelt. Dass dabei **unsere Erde** mit optimalen Mengenanteilen der wichtigen chemischen Elemente entstand, eine günstige Umlaufbahn um die Sonne fand und sogar noch einen passenden **Mond** »zugeteilt« bekam, der u. a. dafür sorgt, dass die Schieflage der Äquatorebene nur geringfügig pendelt, so dass sich die Klimaschwankungen auf der Erde in erträglichen Grenzen hielten und die Entfaltung von Leben ermöglichten, lässt sich wissenschaftlich nur in der Spalte Zufälle verbuchen. Der gläubige Mensch hat das Recht, diese Zufälle einem göttlichen Plan zuzuschreiben. Es muss ein unglaublich faszinierender Plan sein.

Auf unserem Planeten Erde hätte sich kein Leben entwickeln können, wenn nicht auch die lebenswichtigen Chemikalien in den richtigen Mengen vorhanden gewesen wären. Für diese einfach klingende Voraussetzung waren aber etliche kosmische Katastrophen (**Supernovaexplosionen**) erforderlich. Hätten diese nicht in der nötigen Anzahl, an den richtigen Stellen der Galaxis und in einer angemessenen Zeitfolge innerhalb eines Riesenzyklus stattgefunden, wäre schon deshalb die Entwicklung von Leben unmöglich gewesen. Ein gläubiger Mensch kann durchaus die von unzähligen Zufällen abhängige, aber letztendlich zielbewusste Entwicklung des Lebens bis hin zu intelligenten Wesen als eine Spur Gottes betrachten.

Der berühmte Physiker *Steven Weinberg*, der nicht an die Existenz eines Gottes glaubt, staunt über ein perfekt auf Leben eingestelltes Universum:

Vor allem fasziniert ihn, dass z. B. der **lebenswichtige Kohlenstoff** auch der Tatsache zu verdanken ist, dass ein Berylliumisotop wenigstens eine durchschnittliche Lebenszeit von 100 Trillionstel Sekunden besitzt. Ein Kohlenstoffatom entsteht aus drei Heliumkernen. Leider begegnen sich in heißen Sonnen jeweils drei viel zu selten, um die Mengen Kohlenstoff zu erklären, die im Universum vorkommen. Die Lösung besteht darin, dass als Übergangsprodukt ein Berylliumisotop entsteht, das schon nach $10^{-17}$ Sekunden in zwei Heliumkerne zerfällt. Wenn aber nun während dieser kurzen Lebenszeit des Berylliumisotops ein Heliumkern dazustößt, bildet sich Kohlenstoff. Das Berylliumisotop gilt als Zwischenstation, welche die Möglichkeit für die Bildung von Kohlenstoff im Sonnenplasma um den Faktor 10 000 erhöht. Allerdings funktioniert die Bildungsreaktion nur dann, wenn die Energieniveaus von Beryllium und Helium genau mit einem erlaubten Energieniveau von Kohlenstoff übereinstimmen. Und diese Energieniveauübereinstimmung muss genau im richtigen winzigen Bruchteil einer Sekunde vorhanden sein (nach *Steven Weinberg und Roland Brutscher*, Star Observer 10/2000).

Ein großer **Kometeneinschlag** vernichtete vor vielen Millionen Jahren große Teile des Lebens auf der Erde. Dadurch wurde es möglich, dass sich aus Nischen heraus neue Lebensformen entwickeln konnten, die schließlich menschliches Leben ermöglichten. Würden wir ohne diesen Einschlag oder ohne ähnliche Katastrophen überhaupt existieren?

In der **Quantenwelt** spielen echte Zufälle eine überragende Rolle. Weshalb konnte sich trotz dieser Zufälle unser Universum vom Urknall her so zielbewusst gestalten, dass Wissenschaftler heute sogar eine Quanteninformatik entwickeln dürfen? Gäbe es die geheimnisvollen **Quantengesetze** nicht, wäre unser Universum undenkbar. Zu welchem übergeordneten Plan gehören sie wohl? Weshalb gibt es sie überhaupt? Weshalb richtet sich das Universum so präzise danach?

## Wie geht die Spurensuche weiter?

Es ist natürlich möglich, dass durch neue oder verbesserte Theorien Begründungen für wichtige Konstanten gefunden werden, die uns heute noch verborgen sind. So könnte eine neue Theorie herausfinden, dass z. B. die Konstante für die Gravitationskraft so und nicht anders sein muss, weil neu entdeckte, tiefer liegende Naturgesetze es verlangen. Damit wäre dann eine Zufallsspur, die auf einen Schöpfer hinweist, weniger vorhanden, es sei denn, die Spur würde in die neu entdeckte Gesetzmäßigkeit verlagert.

Eine Verminderung nicht mehr haltbarer Spuren lässt sich durchaus positiv sehen. Wenn man einige Jahrhunderte zurückblickt, war die Zahl der Spuren, die auf Gott hinwiesen, übertrieben groß. Schon ein kräftiges Gewitter, ein Kriegserfolg oder eine Seuche wurden als deutliche Fingerzeige Gottes interpretiert. Die Entwicklung der Naturwissenschaft sorgte zum Glück dafür, dass unsinnige Spuren verschwanden. Vielleicht wird in Zukunft die Zahl möglicher Spuren durch neues Wissen wieder vergrößert. Zurzeit konzentriert sich die Spurensuche im Wesentlichen auf Bereiche wie Quantentheorie und Kosmologie. Dort treten für gläubige Menschen die verbliebenen Spuren besonders deutlich hervor.

Die in diesem Kapitel vorgestellten naturwissenschaftlichen Beispiele, die von gläubigen Menschen als Spuren eines sehr mächtigen Gottes gedeutet werden können, ersetzen keinen Glaubensakt, sie lenken aber den Blick auf ein neues Niveau, das in den Beziehungen zwischen Naturwissenschaft und Glauben möglich wird. Mit solchen Beziehungen befasst sich das letzte Kapitel.

# 6. Kapitel
# Beziehungen zwischen Naturwissenschaft und Religionen

**Prolog:** In diesem Kapitel geht es um mögliche Beziehungen zwischen Naturwissenschaft und christlichen Religionen. Die Kapitel 2 bis 4 enthalten die dafür erforderlichen naturwissenschaftlichen Grundlagen. Eine theologisch-wissenschaftliche Durchdringung und Beantwortung der angeschnittenen Fragen kann nur von Theologen geleistet werden. Meine Vorstellungen sollen Denkanstöße sein, die sich auf einige wichtige Vernetzungen beschränken, um den Rahmen des Buches nicht zu sprengen.

Auf die im Teil I sinnvollen sprachlichen Auflockerungen möchte ich im Teil II weitgehend verzichten, da sie bei religiösen Fragen leicht zu Missverständnissen führen können.

## Lässt sich Gottes Existenz beweisen oder ist ein Glaubensakt erforderlich?

**Prolog:** Die erwähnten Spuren sowie die Erkenntnisse der Naturwissenschaft liefern keine Beweise für die Existenz Gottes. Ebenso wenig beweisen sie seine Nichtexistenz. Die Fragen nach Gottes Existenz lassen sich nur auf der Ebene des Glaubens beantworten.

### Interpretation der Spuren Gottes

Die bescheidene Auswahl möglicher Spuren, die im 5. Kapitel vorgestellt wurde, beweist im Rahmen naturwissenschaftlicher Spielregeln nicht, dass es einen Gott gibt, obwohl einige Zufälle dazu verleiten könnten. Auch auf der Ebene des Glaubens sollte man die erwähnten Spuren nicht in die Kategorie Beweise einordnen, obwohl dort für den Begriff Beweis andere Maßstäbe gelten. Christen haben so etwas nicht nötig. Es genügt ihnen, wenn die erwähnten Spuren interpretiert werden als eindrucksvolle Aussagen, die auf einen Gott hinweisen. Dann können diese Gläubigen helfen, ein modernes, spannendes Glaubensleben zu führen. Viele Wissenschaftler wenden sich dagegen, dass ein allmächtiger Gott in ihren naturwissenschaftlichen Systemen auftauchen muss, um einige noch offene Fragen zu klären. Sie haben sich komplexe Theorien ausgedacht, die zeigen sollen, dass Gott zur Beantwortung bestimmter Fragen und zum Verständnis wichtiger Entwicklungen überhaupt nicht nötig ist, weil diese auch im Rahmen der Naturgesetze begründet werden können. Vielleicht gelingt es der Naturwissenschaft irgendwann, eine in sich geschlossene Gesamttheorie zu entwickeln und zu beweisen. Wird es dann nicht sehr schwer sein, noch an einen Gott zu glauben, wenn unter naturwissenschaftlichen Aspekten alles auch ohne Hilfe eines Gottes entstanden sein könnte? Wenn man die oben erwähnte Spurenlogik akzeptiert, muss eine Gesamttheorie nicht glaubensfeindlich sein. Sie wird eher befreiend wirken, da man dann endlich *Gott* »um Gottes Willen« aus naturwissenschaftlichen Gesetzmäßigkeiten herauslassen und dort betrachten kann, wo es angemessen ist, nämlich auf der Ebene des Glaubens. Dann dürfen Menschen, die an Gott glauben, die geschilderten, viele weitere Zufälle und die Naturgesetze unbefangen als Spuren Gottes deuten und zur Stärkung ihres Glaubenslebens nutzen.

Auch die Menschen, die einen Gott ablehnen, haben es dann einfacher: Sie können nämlich auf einer Glaubensebene viel engagierter und subjektiver ihre Ablehnung begründen, als wenn sie dauernd darauf bedacht sein müssen, wenigstens den wissenschaftlichen Schein zu wahren.

Wer die Naturgesetze als Beweise gegen eine Gottes Existenz nutzt, wie es z.B. *Eugen Drewermann* versucht, handelt nicht mehr nach den Spielregeln der Naturwissenschaft. Seine Argumente sind nicht besser als die einiger Theologen, welche die eindrucksvollen Erkenntnisse der Naturwissenschaft als wissenschaftliche Beweise für die Existenz und Allmacht Gottes proklamieren. Beide Denkweisen sind verkürzt, da sie wissenschaftlich nicht erlaubte Aussagen machen.

Die Naturwissenschaft kennt im Rahmen ihrer strengen Spielregeln die eigene Begrenztheit an, sodass aus ihrer Sicht zusätzlich ein eigenständiger Bereich möglich ist, in dem glaubwürdig über die Frage nach Gottes Existenz oder Nichtexistenz diskutiert und geforscht werden kann. Wer also Ebenen oder Bereiche nicht miteinander vermischt, ist zu mehr Wissenschaftlichkeit, Gläubigkeit und Toleranz fähig. Bejaht man in diesem Sinne z.B. Gottes Existenz, braucht man nicht mehr ängstlich darauf zu achten, ob Gott im Bereich der Naturwissenschaft noch gebraucht wird oder nicht. Wenn es einen Gott gibt, muss er schon allmächtig sein. Beim heutigen Kenntnisstand ist das eine überwältigende Vorstellung. Ein allmächtiger Gott hat die Gesetze der Natur wohl nicht so angelegt, dass er in ihnen auf Dauer Hilfsdienste für die Naturwissenschaft leisten muss.

In den folgenden Texten verwende ich wegen der Buchkonzeption und aus praktischen Gründen die Bezeichnung Gläubige nur noch für Menschen, die an Gottes Existenz glauben.

Wer an Gott glaubt, setzt voraus, dass dieser der Erfinder und Regisseur der Naturgesetze ist, er hat aber andererseits auch zu akzeptieren, dass religiöse Aussagen nicht grundsätzlich und auf Dauer den Gesetzen der Natur widersprechen dürfen, da sie sonst Gottes Geist und seine Schöpfungsleistung in Frage stellen.

## Persönlicher Glaubensakt

Die naturwissenschaftlichen Forschungen und Erkenntnisse gehen inzwischen weit über den Rahmen der Alltagserfahrungen und sogar des gesunden Menschenverstandes hinaus. Sie zielen immer mehr auf die entscheidenden Grundfragen der Natur: Was hält die Welt im Mikro- und Makrokosmos zusammen, was bewegt sie, was treibt den Kosmos immer weiter auseinander und wie sieht eine Gesamttheorie aus, in der die Quantentheorie sowie die Relativitätstheorie ihren angemessenen Platz finden?

Die Antworten auf diese Fragen können Gott naturwissenschaftlich nicht nachweisen. Selbst die eindrucksvollsten Entdeckungen ersparen dem einzelnen Menschen nicht die persönliche Glaubensentscheidung. Der Glaubensakt bleibt weiterhin erforderlich, er kann aber durch das wissenschaftliche Umfeld gestützt oder belastet werden. Ergebnisse mit großem wissenschaftlichem Gewicht konnten bisher den Glauben an einen Gott erschweren. Dies geschah z. B. in der Zeit nach Newton durch die klassische Physik, als sich in der Naturwissenschaft ein mechanistisches Ursache-Wirkungs-Denken durchsetzte. Viele Gläubige fühlten sich religiös verunsichert und hielten sich für rückständig. Dies gilt teilweise heute noch. Gläubige wenden sich dann unter Umständen vom Glauben ab, ziehen sich in Festungen zurück oder wenden sich irrationalen Strömungen zu.

Der Glaube, der sich wie eine zarte Pflanze entwickelt, kann seinen gesunden »Mutterboden« erheblich verbessern, wenn er in die Lage versetzt wird, auch wichtige Erkenntnisse der Naturwissenschaft religiös zu nutzen.

Für Gläubige sind zunächst einmal religiöse Überlieferungen und

Glaubensaussagen der Kirchen von überragender Bedeutung. Weiterhin ist es für sie in unserer Zeit erfreulich zu wissen, dass die Naturwissenschaft, wenn sie schon keine Beweise für die Existenz eines Gottes hat, auch keine für seine Nichtexistenz liefern kann. Sie arbeitet wert- und glaubensfrei. Ihre Ergebnisse stehen aber den Gläubigen zur Verfügung, die sie nach Hinweisen auf Gott durchsuchen möchten. Dabei kann sich ein modernes Gottesbild entwickeln, das nicht mehr ausschließlich auf die religiösen Verkündigungen der Kirchen baut. Gott ist dann nicht mehr nur der Gott in religiösen Vorstellungen, Begriffen und Formulierungen, sondern auch der Erfinder der Quantengesetze, Gravitation, Lichtgeschwindigkeit, Photosynthese, Hirntätigkeit usw. Für Gläubige, die naturwissenschaftliche Erkenntnisse zur Hilfe nehmen, wachsen Gottes Ansehen und Bedeutung mit zunehmendem Wissen. Staunen über seine Schöpfungstaten belebt den Glauben und hilft Suchenden, sich eher auf das Wagnis des Glaubens einzulassen.

Der gläubige Christ muss nicht mehr, wie es in vergangenen Jahrhunderten oft üblich war, ängstlich auf neue Erkenntnisse der Naturforscher schauen, um zu prüfen, ob sie seinem Glauben Schaden zufügen können. Inzwischen kann er sich von einer gewissen Faszination tragen lassen. Er darf nämlich an einen Gott glauben, der, wenn man sein Können aus der Schöpfung abliest, unvorstellbares Format haben muss. Hinter diesem Glauben steht die Erfahrung, dass Menschen in ihrer natürlichen Beschränktheit während ihrer Anwesenheit auf Erden Gott wohl nie richtig begreifen können. Das naturwissenschaftliche Wissen, mag es in Teilbereichen auch noch so tief schürfend sein und von Genies nach vorn getrieben werden, reicht gerade aus, einige Dimensionen zu ahnen, die zu einem allwissenden und allmächtigen Gott gehören müssen, wenn es ihn wirklich gibt.

Der Gläubige erfährt neben den religiösen Aussagen seiner Kirche die Bewertung naturwissenschaftlicher Erkenntnisse im Sinne von Spuren Gottes als eine Verbreiterung seines Glaubensfundaments. Beide Bereiche sind für ein modernes Gottesbild erforderlich. Sie ergänzen sich im komplementären Sinne: Die Religion bietet dem Gläubigen Aussagen an, die aus der Vorstellungswelt der Naturwissenschaft nicht kommen können. Umgekehrt kann das naturwissenschaftliche Wissen die Glanzleistungen Gottes in einem Maße sichtbar machen, wie es die Religion allein nicht mehr vermag. Diese Ergänzung besitzt das Potenzial, ein neuartiges, dringend erforderliches religiöses Bewusstsein zu entwickeln.

# Gottesbild

**Prolog:** Gläubige Christen erhalten durch die Naturgesetze wichtige Hinweise auf das unvorstellbare Format Gottes. Ihr Gottesbild, das im Wesentlichen durch die religiösen Aussagen der Kirchen geprägt wird, kann dann durch Staunen und Bewunderung wachsen.

Christliche Vorstellungen von Menschenwürde hängen eng mit dem Gottesbild zusammen. Für Christen sind Intoleranz, Hass und Gewalt im Namen einer Religion religiöse Entgleisungen.

## Gottes Format

Ein heute mögliches Gottesbild kann im Rahmen dieses Buches nur fragmentartig angedeutet werden. Die Naturgesetze des Universums, eventuell sogar eines Multiversums vermitteln Menschen, die an einen Gott glauben, eindrucksvolle Informationen über seine unfassbare Intelligenz und Macht.

Die Kirchen bieten den Gläubigen durch ihre Verkündigungen religiöse Substanz. Sie bescheinigen Gott noch erheblich mehr Qualitäten, als es die Interpretation naturwissenschaftlicher Erkenntnisse vermag, z.B. ein Höchstmaß an Gerechtigkeit und Liebe. Zu diesem Gott darf der Gläubige beten. Ihm kann er seine persönlichen Gedanken mitteilen, danke sagen, Bitten formulieren, sein Versagen bekennen, seine persönlichen Enttäuschungen oder seinen Ärger über schreckliche Ungerechtigkeiten in der Welt vortragen.

Das Gottesbild der christlichen Kirchen hat sich aus der Überlieferung, der Heiligen Schrift – für Katholiken auch aus den Vorstellungen des Lehramts – im Rahmen einer langen Geschichte entwickelt. Es wird in erheblichem Umfang von historischen Denkweisen geprägt. Die Theologie spricht von einem allmächtigen Gott, der die Welt erschaffen hat und weiterhin erhält. Diese Verkündigung bleibt in unserer Zeit ohne naturwissenschaftlichen Bezug unvollständig, denn die modernen Erkenntnisse der Naturwissenschaften können den religiösen Aussagen weitere Substanz verleihen, und zwar mehr als je zuvor in der Geschichte der Menschheit. Die von Naturwissenschaftlern erforschten Naturgesetze sind keine Erfindungen der Menschen. Sie stammen für gläubige Menschen von Gott und berichten über seine Weltkonzeption. Solche Überlegungen wenden sich nicht gegen wesentliche Aussagen der Kirchen, sondern geben diesen in unserer Zeit ein angemessenes Gewicht. Sie können dem »Verdunstungsprozess« des Glaubens entgegenwirken und verhindern, dass die christlichen Kirchen einer nur schwer heilbaren Magersucht verfallen. Wenn auch moderne naturwissenschaftliche Erkenntnisse die Chance erhalten, das Gottesbild, das wohl nie ein reales Abbild Gottes sein kann, mit gestalten zu dürfen, rückt vor allem das unvorstellbare Format Gottes in den Vordergrund. Gläubige Christen lernen mithilfe naturwissenschaftlicher Erkenntnisse vor allem das Staunen. Durch solche Erfahrung gelangen religiöse Aussagen der Kirchen in neue Dimensionen, wo sie sich erneut bewähren müssen. Die christlichen Kirchen werden durch solche Entwicklungen weltoffener, überzeugender und vertrauenswürdiger.

Es ist natürlich nicht einfach, solche Vorstellungen zu entwickeln und zu pflegen. Rein intellektuell wird es nur wenigen gelingen. Wie die Hirnforschung zeigt, gehören Emotionen und Gefühle auch dazu. Deshalb ist die Einbeziehung naturwissenschaftlicher Erkenntnisse ohne zeitgemäße christliche Spiritualität nicht möglich. Schon bescheidene Gedanken über Gottes Größe können Gefühle der Bewunderung erzeugen und das Glaubensleben unterstützen. Wer staunen kann, öffnet sich, wird neugierig, zeigt Respekt und sucht neue Beziehungen. Die dabei wachsende Religiosität kann nicht immer nur auf den allmächtigen Gott des riesigen Universums ausgerichtet sein. Das schaffen nicht einmal gut trainierte Intellektuelle. Gott muss auch emotional zugänglich sein. *Jesus Christus* hat dafür die Grundlagen geschaffen. Religiöse Spiritualität kann sich in unserer Zeit besonders gut und stark entfalten, wenn sie verbunden bleibt mit einem Gottesbild, das Platz lässt für einen Ausblick auf die Schöpfungs- und Gestaltungsleistungen Gottes im riesigen Universum.

Während eines Vortrags sagte mir eine Teilnehmerin zu Äußerungen über ein derzeit mögliches Gottesbild, dass meine Ausführungen für sie geradezu befreiend seien, da sie in nachvollziehbarer Form neue Möglichkeiten für ein modernes religiöses Leben schaffen würden.

Überlegungen, christliche Gottesbilder durch neue Gedanken aus naturwissenschaftlichen Erkenntnissen zu ergänzen, fallen solchen Theologen besonders schwer, die ausschließlich traditionelle Gottesbilder anerkennen. Bei ihnen kann es aber zu einem Teilzusammenbruch ihrer Gottesbilder kommen, sollten die Erkenntnisse der Wissenschaft dazu zwingen.

Wenn man Begriffe wie Gottesbild und Gottesverehrung sowie Traditionen und religiöse Symbole zur Veranschaulichung mal mit Gebäuden vergleicht, wird ihre Beschreibung leichter. Der Einsturz eines altehrwürdigen Gebäudes reißt meistens Erhaltenswertes mit. Schon die Trümmerbeseitigung kostet Zeit und Energie. Wenn danach nur ein weitgehend originalgetreuer Wiederaufbau erlaubt wird, ist ein weiterer Zusammenbruch bereits abzusehen. Kommt es überhaupt nicht zum Einsturz, weil frühzeitig Umbau-, Ergänzungs- und Erweiterungsmaßnahmen durchgeführt wurden, kann die erhaltenswerte Bausubstanz gemeinsam mit neuen Konstruktionsmöglichkeiten und Materialien zu einem geschichtsbewahrenden sowie modernen, zukunftsweisenden Gebäude werden.

In theologischen Bereichen gibt es durchaus positive Äußerungen über Bedeutung der Naturwissenschaft für christliche Religionen. Zum Beispiel äußerte sich *Josef Kardinal Ratzinger* (heute *Papst Benedikt XVI*) zu naturwissenschaftlichem Wissen folgendermaßen:

»Die Wirkung der großen wissenschaftlichen Erkenntnisse kann also einerseits dazu führen, dass der Mensch über das Faktische nicht mehr hinausblicken kann, so dass es letztlich den Horizont begrenzt. Weil er so viel weiß, kann er nur immer auf der Ebene des Faktischen weiterdenken und den Sprung ins Geheimnis hinein nicht mehr fertig bringen. Er sieht nur noch das Greifbare. Und metaphysisch wird der Mensch insofern dümmer. Auf der anderen Seite kann es aber auch so sein, dass gerade in der Größe der Anschauung, indem wir die so vielfältigen Brechungen der göttlichen Vernunft in der Wirklichkeit wahrnehmen dürfen, dann wirklich unser Gottesbild größer und weiter wird und wir mit noch größerer Ehrfurcht und auch Demut und Bewunderung vor ihm stehen.« (*Josef Kardinal Ratzinger*, Gott und die Welt, S. 42)

## Jesus Christus

Zur Weihnachtszeit feiern Christen die Geburt Christi. Wer trotz der vielen Äußerlichkeiten den Blick für das Wesentliche nicht verliert, ahnt im Glauben, dass eine unvorstellbare Liebe, aber auch Macht Gottes hinter diesem Ereignis und dem Lebensweg Christi stehen muss. Der allmächtige Gott vermittelt den Menschen durch das Wirken seines Sohnes auf Erden für die Menschen aller Zeiten etwas aus einer ganz anderen Form von Existenz. Wer daran glaubt, erfährt das deutlichste Zeichen, das der Gott des gesamten Kosmos, der sich sonst sehr zurückhält, je gegeben hat. Die Botschaften von *Jesus Christus* bekommen unter diesem Gesichtspunkt größeres Gewicht.

Wenn man das Ereignis auch unter Einbeziehung naturwissenschaftlicher Aspekte betrachtet, entsteht ein interessanter Spannungsbogen: Der Gott, der für Urknall, Galaxien, Dunkle Materie, Schwarze Löcher, Sonnensysteme, Planeten, Erde, Gesteine, Meere, Lebewesen, Moleküle, Atome, Elementarteilchen, Quanten und Grundkräfte verantwortlich ist und selbst sogar außerhalb der Naturgesetze existieren kann, hat durch seinen Sohn in der Gestalt von *Jesus Christus* Materie und menschliche Intelligenz angenommen. *Christus* wuchs heran als Mensch, lehrte als Mensch, litt und starb als Mensch. Man sah ihm seine Göttlichkeit nicht an. Er wählte andere Mittel, um sich zu offenbaren. Seine Auferstehung enthält die Botschaft, dass ein Leben nach dem Tode und ein ewiges Leben möglich sind.

Die Heilige Schrift erhält durch Einbeziehung solcher Gedanken über *Jesus Christus* neue Dynamik. Lassen sich ihre Aussagen ohne Substanzverlust noch besser als bisher in die Sprach- und Denkwelt unserer Zeit übertragen?

*Jesus Christus* begegnete nach der Auferstehung u. a. den Emmaus-Jüngern. Erst spät erkannten sie ihn und begriffen, dass mit seinem Tode nicht seine Botschaft vom Reiche Gottes gestorben war, sondern dass er in ihnen lebendig sei. Zur Emmaus-Geschichte äußerte sich *Heinz-Josef Holthaus* folgendermaßen:

»Der Glaube an die Auferstehung setzt für mich die Begegnung mit Menschen voraus. Auferstehung geschieht nicht erst nach unserm Tode, sondern ist für mich im Hier und Jetzt erfahrbar. Auferstehung geschieht z. B. dort, wo Menschen einander zuhören und füreinander einstehen, wo die Würde des Mitmenschen geachtet und seine Einzigartigkeit respektiert wird, wo sich jemand jahrelang um einen kranken oder behinderten Menschen kümmert, wo Menschen sich schuldig bekennen und einander vergeben können, wo Menschen sich auf den Weg machen für eine gerechtere Welt, um so das Reich Gottes auf Erden sichtbar werden zu lassen. Spurensuche Gottes im Leben Jesu und im Leben der Menschen, im Lebendigen der Natur und der Dynamik des Kosmos, das macht Auferstehung schon jetzt auf Erden begreiflich und erlebbar. Auferstehung von den Toten ist für mich nicht nur eine Vertröstung auf das Jenseits, sondern sie muss bereits im Alltag erfahrbar sein. Nur so kann ich eine Ahnung davon bekommen, dass ich nach meinem Tod nicht ins Leere falle, sondern in Gottes ausgebreitete Hände.« (Aus einem Vortrag am 17.04.2005 in Coesfeld)

Moderne Christen, die beeindruckt sind vom Gott des Universums, möchten in ihrer berechtigten religiösen Neugier wissen, was für eine

Konzeption *Jesus Christus* den Menschen dieser Erde brachte. Sie hören vielleicht besonders gern Wesentliches aus seiner biblischen Botschaft, weil sie mehr über den Gott erfahren möchten, der z.B. die Quantengesetze beherrscht und für die Entwicklung des Universums verantwortlich ist.

## Religiöses Bewusstsein und die Erkenntnisse der Hirnforschung

**Prolog:** Erkenntnisse der Hirnforschung können interessante Einblicke in das religiöse Denken ermöglichen. Sie sind von großer Bedeutung für das christliche Menschenbild. Einige Theorien wollen dieses Bild in ihren Grundfesten erschüttern, andere erlauben ein erweitertes, das z.B. dem Gewissen eine große Bedeutung beimisst. Die christlichen Kirchen werden durch die Hirnforschung herausgefordert, ihre Aussagen über Geist und Seele sowie Gewissen, Spiritualität und Mystik neu zu überdenken.

### Wert religiöser Vorstellungen

In Kapitel 4 wurden wichtige Erkenntnisse der Hirnforschung (S. 75) vorgestellt. Auf der Grundlage dieser Texte möchte ich einige Denkansätze für religiöse Fragen vorstellen.

Bei einer religiösen Erziehung wirken religiöse Gefühle auf z.B. Charakterzüge und üben Einflüsse aus. Dabei kommt es zu individuellen religiösen Erfahrungen, die im Laufe des Lebens stetig zunehmen können. Diese versorgen das erweiterte Bewusstsein nach Bedarf mit Fakten aus der Vergangenheit und wirken dadurch auf die Vorstellungsströme im Gehirn ein. Solche Vorstellungsströme, die den menschlichen Geist wesentlich bestimmen, repräsentieren in religiösen Fragen den religiösen Geist eines Menschen. Zur Vergangenheit gehört nicht nur die ferne Vergangenheit, sondern auch die unmittelbare, relativ aktuelle. Insofern ist es wichtig, dass die religiösen Gefühle auch aktuell nachvollziehbar sein müssen, wenn sie nicht verdrängt werden oder zu Konflikten führen sollen. Für *Antonio R. Damasio* ist das Bewusstsein, das sich aus Kern- und erweitertem Bewusstsein zusammensetzt, noch nicht der Gipfelpunkt geistiger Komplexität, wohl aber ein unverzichtbarer Bestandteil und eine Art Zwischenstufe. Den Glanzpunkt der biologischen Entwicklung sieht er darin, dass Menschen in der Lage sind, z. B. Rechtsbewusstsein, Ethik, musisches Verhalten, wissenschaftliches Denken, Kreativität, Religiosität und vor allem ein Gewissen zu entwickeln. Unter diesem Aspekt nutzen Menschen, die bewusst religiös leben und dabei ihr Verhalten nach religiösen Maßstäben und dem eigenen Gewissen ausrichten, die wertvollsten Möglichkeiten, die das menschliche Gehirn zu bieten hat.

Die Hirn- und Bewusstseinsforschung hat inzwischen beachtliche Erfolge erzielt und daraus u. a. Theorien entwickelt, von denen einige wesentliche Vorstellungen der christlichen Religionen angreifen, da sie ihr Menschenbild in Frage stellen, während andere die Bedeutung der Persönlichkeit des Menschen erheblich stärken.

Einige Hypothesen gehen davon aus, dass sich das Neuronensystem des Gehirns und das daraus entstehende Bewusstsein wie eine bessere Maschine verhalten.

*Marvin Minsky*, Mitbegründer der Künstlichen-Intelligenz-Forschung, geht sogar so weit, dass er menschlichen Geist lediglich als ein Produkt aus geistlosen, aber intelligent ineinander geschachtelten Ober- und Unterprogrammen bezeichnet.

## Hat die menschliche Persönlichkeit keinen freien Willen?

Die Forscher *Gerhard Roth* und *Gerhard Vollmer* und andere äußerten sich zu solchen und ähnlichen Fragen mit beachtlichem Selbstbewusstsein. Sie entwickelten ein Szenario, das unsere Vorstellungen vom Menschen allgemein sowie von seiner Persönlichkeit und von seinem freien Willen radikal ändern möchte. *G. Vollmer* behauptet z. B.:

»Bald werden nicht nur die Hirnforscher einsehen müssen, dass es die traditionelle Willensfreiheit überhaupt nicht gibt... Der »Wegfall« der vermeintlichen Willensfreiheit wird nicht nur Philosophen, Theologen und Juristen bis ins Mark erschüttern. Wir werden so viel über Menschen herausfinden, dass wir wieder einmal von uns selbst enttäuscht sind. Die letzten »Kränkungen« des Menschen – wenn ich *Sigmund Freuds* Ausdruck an dieser Stelle bemühen darf – stehen ins Haus.« (Spektrum der Wissenschaft, 10/2000, S. 75)

*Gerhard Roth* sieht die Entwicklung wie *Gerhard Vollmer* und meint ergänzend:

»Wir treten in der Hirnforschung gerade in eine Phase ein, wo wir uns auch mit den Gefühlen, mit dem Unbewussten befassen – experimentell, mit Bildgebung und so weiter. Ich denke, wenn klar ist, was die Menschen antreibt, auch unbewusst, dann weiß man auch ungefähr, warum sie tun, was sie tun. Ich glaube, spätestens in zehn Jahren hat sich die Einsicht durchgesetzt, dass es Freiheit etwa im Sinne einer subjektiven Schuldfähigkeit nicht gibt…

Die Entthronung des Menschen als freies denkendes Wesen – das ist der Endpunkt, den wir erreichen. Nach *Kopernikus, Darwin* und *Freud* erleben wir hier den letzten großen Angriff auf unser traditionelles Bild vom Menschen.« (Spektrum der Wissenschaft, 10/2000, S. 75)

## Ist das Gewissen die höchste Stufe des Geistes?

*Antonio R. Damasio* ist zu anderen Erkenntnissen gekommen. Er sieht die Strukturen des menschlichen Gehirns so angelegt, dass sie Bewusstsein hervorbringen, mit dessen Hilfe es dem Menschen möglich ist, geistige Prozesse zu führen, Kreativität zu entwickeln und sogar zur höchsten Stufe des menschlichen Geistes zu gelangen, nämlich zu einem Gewissen. Dazu schreibt er:

»Unter den bemerkenswerten Fähigkeiten, die das erweiterte Bewusstsein ermöglicht, verdienen zwei besondere Beachtung: Erstens die Fähigkeit, sich über das Diktat von Vor- und Nachteilen aus der Sicht der Überlebensdispositionen zu erheben und zweitens die wichtige Entdeckung von Widersprüchen, die verantwortlich ist für die Suche nach Wahrheit und den Wunsch, Normen und Ideale für das Verhalten und die Analyse von Fakten zu entwickeln. Diese beiden Fähigkeiten sind nicht nur mein Lieblingskandidat für die höchsten Stufen speziell menschlicher Leistungen, sondern sie sind auch die Voraussetzung für die wahrhaft menschliche Funktion, die sich so wunderbar durch ein einziges Wort wiedergeben lässt: Gewissen.« (*Antonio R. Damasio*, Ich fühle, also bin ich, S. 75)

Für *Damasio* ist das *Bewusstsein* erst der Sonnenaufgang, nicht aber die Sonne in ihrem Zenit. Falls die Menschen eines Tages voll durchschauen sollten, wie Bewusstseinsvorgänge und die noch höheren geistigen Prozesse (z.B. Gewissensentscheidungen) erzeugt werden und ablaufen, werden sie nach seiner Ansicht dem Leben und der Persönlichkeit des einzelnen Menschen wahrscheinlich mit größerer, statt mit geringerer Achtung begegnen.

Das Menschenbild ändert sich in Zukunft. Daran wird auch die atemberaubende Entwicklung in der Computer- und Robotertechnik in erheblichem Maße beteiligt sein. Doch die Veränderungen werden höchstwahrscheinlich anders verlaufen, als sie z.B. *Gerhard Roth* und *Gerhard Vollmer* in ihren Zukunftsvisionen zum Ausdruck bringen.

So ist es möglich, dass einige Entwicklungen im Rahmen der Quantentheorie oder der Hirnforschung zu einer erheblichen Aufwertung der jeweils einzigartigen menschlichen Persönlichkeit führen werden.

Auch die von *Roth* und *Vollmer* vorhergesagten Erschütterungen in der Theologie werden wesentlich bescheidener ausfallen, allerdings nur dann, wenn sich Theologen der christlichen Kirchen intensiv mit den beschriebenen Problemen und Chancen auseinander setzen. Andernfalls kann es geschehen, dass viele Gläubige sich durch die häufig einfacher durchschaubaren und der Alltagslogik leichter zugänglichen Argumente mechanistischer Theorien beeinflussen lassen.

Hinter einigen Hirntheorien steht ein Menschenbild, das für Gott keinen Platz mehr lässt, während andere in Verbindung mit grundsätzlichen Erkenntnissen der Naturwissenschaft Gläubigen ein faszinierendes Bild eines allmächtigen Gottes ermöglichen können.

### Wo ist die menschliche Seele?

In christlichen Religionen spielt der Begriff Seele eine große Rolle. Gehört die Seele zur Struktur des menschlichen Gehirns, z.B. zum Selbst? Besteht sie als Geschenk Gottes in ihrer Einmaligkeit außerhalb des Gehirns beziehungsweise unabhängig davon? Ist sie nur so unsterblich? Hirnforscher können zum Begriff Seele noch keine verbindliche Antwort geben. Müssen die christlichen Kirchen aber bereits angesichts der Forschungsergebnisse der Hirnforschung einige Formulierungen neu überdenken? Im Interesse der Gläubigen wären interdisziplinäre Gruppen aus Theologen, Hirnforschern und Wissenschaftlern anderer Bereiche von großer Bedeutung, um ohne unnötige Verzögerung gemeinsam so eine wesentliche Frage des Christentums mit den Möglichkeiten unserer Zeit näher zu untersuchen.

## Entscheidungsfreiheit und Menschenwürde

**Prolog:** Gott ermöglichte dem Menschen Entscheidungsfreiheit, die wesentlich mit seinem Gehirn zusammenhängt.

Christliche Vorstellungen von Menschenwürde beziehen sich auf Gott Für Christen sind Intoleranz, Hass und Gewalt im Namen einer Religion religiöse Entgleisungen.

## Freiheitsgrade des Menschen

Der Mensch ist aus biologischer Sicht ein außerordentlich komplexes Gebilde, eine Meisterleistung der Evolution.

Auf einer bestimmten Stufe weit oberhalb der Quantenebene haben Menschen Freiheitsgrade im positiven und negativen Sinn, auf die sie durch ihr Bewusstsein Einfluss nehmen können. Diese Stufe ist nicht ohne die Quantenebene denkbar, aber sie hat vor allem ihre eigene Struktur und trägt damit wesentlich zur Einmaligkeit der menschlichen Persönlichkeit bei. Der Mensch wird, wie bereits erläutert, in hohem Maße vom seinem Gehirn bestimmt. Er ist durch sein Gehirn in der Lage, intelligentes Verhalten zu zeigen, Bewusstsein zu schaffen, schöpferisch zu wirken, Kunst zu genießen, moralische Maßstäbe zu erkennen und zu befolgen, eigenständige Entscheidungen zu treffen, Verantwortung zu übernehmen, Gott zu suchen, sich mit seinen Geboten auseinander zu setzen usw. Das Gehirn ermöglicht ihm aber auch, egoistisch, rücksichts- und verantwortungslos, zerstörerisch sowie verbrecherisch zu handeln. Ein normal veranlagter gesunder Mensch ist prinzipiell in der Lage, freie Entscheidungen zu treffen.

Gott hat den entscheidungsfähigen Menschen durch *Jesus Christus* Maßstäbe und Wünsche aufgezeigt, aber er billigt ihnen auch Entscheidungsfreiheit zu.

## Menschenwürde verbreiten

Wer offene Beziehungen zum Gott des Universums findet, der den Menschen trotz riesiger Formatunterschiede durch *Jesus Christus* seine Freundschaft anbietet, ist viel leichter als andere in der Lage, Gottes Wünsche ohne Strafandrohungen freiwillig zu akzeptieren. Durch Gottes Liebe begreift er, dass man Menschen nicht wegen ihrer Religionen, Rassen, Nationen oder weiterer Motive verachten bzw. sogar hassen und töten darf. Für ihn mündet der Begriff »Menschenwürde« in Gott.

Wer an Gott glaubt, sieht in der Natur nicht nur ein nützliches System zur Erhaltung des Lebens und zur Verbesserung des Lebensstandards, sondern auch seine hochintelligente Schöpfungsleistung, die entsprechend gewürdigt, gehegt und bewahrt werden sollte.

Wer Gott bejaht und versucht, sein göttliches Format mit Hilfe naturwissenschaftlicher Erkenntnisse auf einem höheren Niveau zu verstehen, kann nicht begreifen, dass es in unserer Zeit noch Menschen gibt, die sich aus religiösen Gründen bekämpfen und töten, weil sie sich auserwählt fühlen, Gott bei der Durchsetzung seines Willens zu helfen, getragen von Hass, Brutalität, Intoleranz und tödlicher Gewalt. Dabei kommen manchmal erschreckend naive Vorstellungen zum Vorschein, die in unserer Zeit längst überholt sein müssten. Solche Entgleisungen im religiösen Denken können durch ein heute mögliches Gottesbild schneller als mit anderen Möglichkeiten entlarvt werden.

Wer beim derzeitigen Kenntnisstand der Naturwissenschaft von einem Gott spricht, der das Universum erschaffen hat, legt automatisch ein Format zugrunde, das für primitive fundamentalistische Gottesvorstellungen, die sich z.B. in Terrorakten offenbaren, keinen Platz mehr lässt oder wenigstens lassen sollte. Die Verbindung von naturwissenschaftlichen Kenntnissen mit religiösen Vorstellungen bietet eine besonders Erfolg versprechende Methode, fanatischen religiösen Fundamentalismus zu überwinden. Häufig ist es schon wichtig, wenn Gläubige aus verschiedenen Religionen auf der Grundlage der wissenschaftlich akzeptierten Naturgesetze wenigstens miteinander reden, damit gegenseitige Achtung und Toleranz auf dieser Ebene wachsen können.

## Vertrauen und Emotionen

**Prolog:** Die Einbeziehung naturwissenschaftlicher Erkenntnisse in die Glaubenswelt christlicher Religionen lässt religiöses Vertrauen wachsen und kann helfen, neue Emotionen und Spiritualität aufzubauen.

Wer Gott gläubig begegnen will, kann das auf mehreren Ebenen tun. Eine wesentliche Ebene ist die der christlichen Glaubensaussagen. Eine andere nutzt die Erkenntnisse der Naturwissenschaft. Sie erscheint vielen Menschen zu verstandesmäßig, ja sogar kalt sowie herz- und emotionslos. Diese Meinung lässt falsche oder einseitige Schlüsse zu. Das naturwissenschaftliche Wissen selbst kann natürlich nur in nüchternes mathematisch-physikalisches Denken eingebettet sein. Es ist wegen dieser Nüchternheit und der Strenge naturwissenschaftlicher Spielregeln aber auch besonders seriös und vertrauenswürdig. Gerade Vertrauen benötigen Menschen, die Beziehungen zu Gott suchen. Dann können sich überzeugend religiöse Gefühle entwickeln, die nicht schon nach kurzer Zeit wieder einsam entweichen.

In unserer immer mehr von der Technik beeinflussten Welt kommen die religiösen Aussagen der Kirchen nicht immer mehr so an, wie sie es verdient hätten. Es fehlt oft das nötige Vertrauen in die Richtigkeit der religiösen Verkündigungen. Dafür gibt es unterschiedliche Ursachen.

»Immer weniger Menschen fühlen sich an eine Kirche gebunden, gleichzeitig scheint das Interesse an religiösen Problemen und Erfahrungen zu wachsen. Die Kirchen sind zwar bemüht, durch missionarische Aktionen und Appelle Fernstehende wieder für sich zu interessieren. Doch die Resonanz fiel bisher ernüchternd bescheiden aus. Den Menschen, die vom Geist der Zeit geprägt sind, fällt es offensichtlich schwer, einen Zugang zum traditionsgeprägten Raum der Kirchen zu finden... In der Tat dürfte der Verlust an Vertrauen als eines der schwersten Krankheitssymbole unserer Zeit gelten. Er äußert sich in den beunruhigenden, ja quälenden Fragen vieler Menschen: Worauf kann ich denn mein Leben gründen, worauf kann ich meine Hoffnung und Zuversicht setzen, auf was kann ich mich noch verlassen und auf was letztlich vertrauen?« (*Eberhard Stammler*, Rheinischer Merkur Nr. 37 vom 12.09.2002)

Bei der Überwindung des Vertrauensverlustes kann u.a. die Nutzung naturwissenschaftlicher Erkenntnisse helfen.

Wenn gläubige oder Sinn suchende Menschen Spuren Gottes in der Natur akzeptieren und sein heute erkennbares Format berücksichtigen, bauen sie eine wichtige Glaubensbasis. Auf diesem Fundament können sie sich dann mit neuem Vertrauen und Selbstbewusstsein auf religiöse Aussagen, Emotionen, Erlebnisse und Erfahrungen einlassen. Religiöse Emotionen, die zu anderen Zeiten Menschen bewegt haben, heute aber nicht mehr oder nur noch schwer nachvollziehbar sind, werden dabei überflüssig, ohne einen Zustand der Leere zu hinterlassen.

Neue religiöse Emotionen, die sich z.B. mit Hilfe moderner Spiritualität, religiöser Musik, neuer Formen des kirchlichen Gemeinschaftslebens und besonderer Formen der Meditation entwickeln, erlauben tiefe Gefühle und echte Leidenschaften. Sie können die ganze menschliche Persönlichkeit erfassen, wenn sie glaubwürdig und überzeugend angeboten werden. Auch religiöse Emotionen vergangener Zeiten gehören dazu, wenn sie von den Gläubigen unserer Zeit innerlich akzeptiert werden.

Wer so denkt, wird vertrauensvoll Gott und die Welt mit einer neuen Sinnlichkeit in sein Leben aufnehmen. Gottes Können war noch niemals in der Geschichte der Menschheit so eindrucksvoll sichtbar wie in unserer Zeit auf der Grundlage des modernen naturwissenschaftlichen Wissens. Spiritualität und naturwissenschaftliche Erkenntnisse können zu wechselseitigen Erfahrungen führen.

Besonders gläubige junge Menschen suchen nach modernen Formen des Glaubenslebens, in denen Gefühle einen bedeutenden Platz finden. Diese Formen sollen ernsthaft sein, aber auch Fröhlichkeit und Freude erlauben. Die immer rationaleren und teilweise gefühlskalten Lebensweisen unserer Zeit, die stark beeinflusst werden durch Technik, Computerarbeit, Wirtschaftsabläufe usw., rufen laut nach akzeptierbarer Emotionalität und Spiritualität in religiösen Bereichen. Neue Erkenntnisse der Hirnforschung haben ergeben, dass Gedanken überwiegend erst durch Gefühle möglich werden. Deshalb sind in unserer Zeit nachvollziehbare religiöse Gefühle für religiöse Gedanken und Vorstellungen von erheblicher Bedeutung. Die christlichen Kirchen können ihre Verkündigung fördern, wenn sie überzeugende Gefühle ermöglichen. Dadurch stärken sie die Fähigkeit gläubiger Menschen, auch die Erkenntnisse nüchterner Wissenschaft zu akzeptieren und, wie bereits erwähnt, für das religiöse Leben zu nutzen. Allerdings sind solche Gefühle nur möglich, wenn innerhalb christlicher Kirchen ein Gottesbild wächst, das neben den religiösen Sprach- und Denkformen auch die Vertrauen erweckenden Erkenntnisse der Naturwissenschaft als Botschaften Gottes berücksichtigt. Religiöse Gefühle und naturwissenschaftliches Wissen stehen miteinander in enger Wechselbeziehung.

Wie die überwältigende weltweite Anteilnahme am Leiden und Sterben von *Papst Johannes Paul II* sowie an der Einführung des neuen *Papstes Benedikt XVI* zeigt, hat Spiritualität zurzeit Konjunktur. Auch auf dem Evangelischen Kirchentag 2005 in Hannover kam die Dynamik der Spiritualität zum Ausdruck.

Je moderner die Menschen sind, desto säkularisierter, aber auch religiös suchender im Sinne von Spiritualität werden sie. Eine christlich-religiöse Spiritualität, die auf Grundlage akzeptierbarer Gefühle wächst, kann besonders gut nüchterne wissenschaftliche Erkenntnisse einbeziehen und so insgesamt den Menschen unserer Zeit akzeptierbare und überzeugende Formen des religiösen Lebens anbieten. Für überholte religiöse Romantik ist dabei allerdings kein Platz, wie die nächsten Abschnitte zeigen.

## Unterstützung der christlichen Religionen durch Erkenntnisse der Naturwissenschaft

**Prolog:** Seit Jahrhunderten beeinflussten naturwissenschaftliche Denkweisen mit zunehmendem Einfluss die Denkwelt der Menschen. Dabei entstand eine überflüssige Kluft zwischen religiösen und naturwissenschaftlichen Vorstellungen. Das heute mögliche Gottesbild kann diese Kluft überwinden.

Der Schöpfungsbericht der Bibel verkündet im Wesentlichen, dass Gott die Welt erschaffen hat. Die Naturwissenschaft stellt ein beachtliches Wissen über die seit dem Urknall erfolgten Abläufe im Universum zur Verfügung, aus denen Christen entnehmen können, wie Gott das Universum erschaffen und gestaltet hat.

Wer in unserer Zeit wissen möchte, was ein wirklich allmächtiger Gott können muss, findet in den Forschungsergebnissen der Naturwissenschaft eindrucksvolle Hinweise, die vertrauensbildend wirken.

Es gibt heute bereits gute Ansätze für Beziehungen zwischen Theologen und Naturwissenschaftlern. Leider befinden sich diese noch in einem Anfangsstadium ohne Breitenwirkung.

Christliche Symbole und Traditionen müssen durch die Einbeziehung naturwissenschaftlicher Erkenntnisse in das Glaubensleben nicht mehr als Stützpfeiler der Glaubenssicherung dienen.

### Polarisierung zwischen christlichen Kirchen und Naturwissenschaft

Die Naturwissenschaft mit ihrer Logik und ihren Erfolgen sowie die eng damit verbundene Technik beeinflussten im Laufe der Zeit immer mehr die Denkwelt vieler Menschen. Deshalb wurde es für die christlichen Kirchen zunehmend schwerer, ihre Glaubensbotschaften und religiösen Maßstäbe verständlich zu vermitteln. Dabei spielte leider auch die fatale, weil überflüssige Denkweise eine wichtige Rolle, nach der sich die Menschen entscheiden müssen, ob sie im Zweifelsfalle den Religionen oder der Naturwissenschaft mehr vertrauen wollen. An dieser polarisierenden Vorstellung sind die christlichen Kirchen nicht ganz unschuldig, da sie es meistens versäumt und oft bis in unsere Zeit hinein abgelehnt haben, die modernen Erkenntnisse der Naturwissenschaft in gebührender Weise zur Kenntnis zu nehmen. Hätten sie schon seit vielen Jahren dieses Wissen intensiv nach Spuren Gottes durchsucht und die wesentlichen Gesetze der Natur im Mikro- und Makrokosmos als Gottes geistvolle Schöpfungen bewusst akzeptiert sowie im Rahmen ihrer Verkündigungen berücksichtigt, wäre die leider vorhandene Kluft wahrscheinlich nicht entstanden oder nicht so groß geworden.

Die Kunst kann einen interessanten Vergleich bieten: Kunstwerke sagen viel über den Künstler aus. Sie beeindrucken und fordern heraus. In der christlichen Kunst treten religiöse Aussagen in den Vordergrund, die von den Kirchen oft als Glaubenshilfen genutzt werden. Weshalb aber sollen die naturwissenschaftlichen Botschaften Gottes, die in seinem Kunstwerk Universum enthalten sind, den Gläubigen weitgehend verborgen bleiben? Sie sind viel bedeutsamer und genialer als die Botschaften der bedeutendsten Künstler.

Die christlichen Kirchen können den Menschen unserer Zeit ein Gottesbild vorstellen, das auch das Wirken Gottes in der Natur berücksichtigt. Dadurch wird der Glaube interessanter und überzeugender, wobei Gott so eindrucksvoll werden kann, wie noch nie in der Geschichte der Menschheit. Denn der Gott der Glaubensbotschaften ist dann auch der Gott der Naturgesetze. Beide Bereiche dieses Gottesbildes gehören zusammen und können sich gegenseitig ergänzen.

Wenn man das religiöse Leben in einer christlichen Kirche bildhaft mit einem modernen Haus vergleicht, so kann man sich die Einbeziehung naturwissenschaftlicher Erkenntnisse als den in Betondecken, Pfeilern und Stützen verwendeten Stahl vorstellen. Dieser Stahl ermöglicht neuartige Konstruktionen und gibt dem Haus Stabilität.

Die Nutzung naturwissenschaftlicher Erkenntnisse bereichert die christliche Verkündigung, aber sie fordert die christlichen Kirchen auch heraus. Große Denker der Vergangenheit, wie *Aristoteles, Plato, Thomas von Aquin, Kant* und viele andere, zeichneten sich u. a. dadurch besonders aus, dass sie ohne Ängstlichkeit und Bequemlichkeit mit den Möglichkeiten ihrer Zeit großartige Denkvorstellungen und Konzepte entwickelten. Unsere Zeit braucht dringend christliche Denker mit großem Format und viele Mitdenker. Diese sollten auch in der Lage und bereit sein, christliche Glaubensinhalte mit Gottes Botschaften, die in den Naturgesetzen verborgen sind, zu verknüpfen. Vielleicht wird es dann einmal zur Selbstverständlichkeit, dass wesentliche naturwissenschaftliche Erkenntnisse zum festen Bestandteil theologischer Studien gehören. Manche Theologen werden auch in Zukunft naturwissenschaftliche Erkenntnisse als religionsfeindlich betrachten und mit Verachtung strafen. Dabei isolieren sie sich und – was viel schlimmer ist – sie entwerten Gottes Leistungen und Hinweise in den Naturgesetzen.

## Ergänzung des Schöpfungsberichts der Bibel durch naturwissenschaftliche Erkenntnisse

Wenn Gott existiert, die Welt geschaffen hat und weiterhin Einfluss nimmt, sind auch die Gesetze der Quanten-, Relativitätstheorie und anderer beweisbarer Theorien sein Werk und weisen gläubige Menschen auf seine unvorstellbare Intelligenz und Macht hin. Die Ergebnisse der Naturwissenschaft können deshalb die religiöse Verkündigung in unnachahmlicher Weise bereichern. Wer so etwas ablehnt, nimmt Gott nicht ernst genug.

Als Beispiel für die Unterstützung der Naturwissenschaft soll der Schöpfungsbericht der Bibel dienen: Er vermittelt in einer bilderreichen Sprache vergangener Zeiten die Botschaft, *dass* Gott die Welt erschaffen hat. Die Naturwissenschaft ist in der Lage, die Evolution bis zurück zu den Anfängen zu erforschen. Sie hält inzwischen schon für Sekundenbruchteile oder Minuten nach dem Urknall ein beachtliches Wissen über das »*Wie*« bereit (S. 56).

Wenn man an Gott glaubt, können die naturwissenschaftlichen Erkenntnisse die Aussagen der Bibel mit neuem Leben füllen. Schon die nüchtern-sachlichen Naturwissenschaftler betrachten aus ihrem wissenschaftlichen Verständnis heraus die Urknallphase und die weitere Entwicklung des Universums sowie eine mögliche Existenz weiterer Universen mit ehrfürchtigem Staunen. Gläubige Christen können solche Vorgänge zusätzlich nutzen, um Gottes Klugheit und Macht zu bewundern. Die Verkündigung der Bibel wird so weder verwässert noch entwertet, sondern ergänzt durch die Botschaften Gottes, die in den naturwissenschaftlichen Erkenntnissen enthalten sind. Wie wichtig solche Gedanken sind, zeigt eine 2004 durchgeführte repräsentative Umfrage des Instituts für Demoskopie Allensbach. Danach glauben 12,8 Prozent der Deutschen noch daran, dass Gott Himmel und Erde in genau sechs Tagen erschaffen hat. Für mich ist dies Ergebnis erschreckend, da es besonders deutlich zeigt, in welche Festungen sich religiöse Vorstellungen zurückziehen können, wenn sie nachweisbare naturwissenschaftliche Erkenntnisse einfach ignorieren und damit Schöpfungsleistungen Gottes lächerlich machen. Weshalb wehren sich christliche Kirchen – schon aus Sorge um ihre eigene Glaubwürdigkeit – nicht vehement gegen diesen einseitigen Missbrauch der Heiligen Schrift?

## Vorstellungen über die Allmacht Gottes als vertrauensbildende Maßnahmen für den Glauben

In unserer technisierten und vom Materialismus geprägten Welt ist es nicht einfach, an einen allmächtigen, ewigen Gott zu glauben. Das private, berufliche oder gesellschaftliche Umfeld bereitet vielen Menschen schon aus emotionalen und logischen Gründen Probleme, sich Glaubensfragen zu nähern bzw. ihnen im persönlichen Leben wertvolle Zeit zu widmen. In dieser Situation können naturwissenschaftliche Erkenntnisse für Menschen, die Sinn und Glauben suchen, besonders hilfreich sein. Gläubige Christen dürfen davon ausgehen, dass der Gott, an den sie glauben, auch der Gott des Kosmos und seiner Gesetze sein muss, wenn er wirklich ein allmächtiger Gott sein will. Von einer Allmacht Gottes nach den Maßstäben der modernen Wissenschaft muss der Christ schon ausgehen. Die Maßstäbe für diese Allmacht sind inzwischen extrem gewachsen. Wer als Christ heute Vorstellungen über Allmacht als vertrauensbildende Maßnahmen in sein Glaubensleben übernimmt, hat gute Argumente in den Auseinandersetzungen mit Glaubensproblemen. Die Leistungen Gottes im Rahmen seiner Naturgesetze erleichtern es Menschen unserer Zeit in vorher nicht vorhandenem Maße, diesem Gott Glauben zu schenken und Vertrauen entgegenzubringen.

Allerdings erhält das unbegrenzte Vertrauen scheinbar einen Dämpfer, da Gott Unvollkommenheit, Krankheit, Not und Böses zulässt, obwohl er doch allmächtig ist. Auf diese Frage komme ich noch zurück (S. 133).

## Bedeutsame Ansätze für die Beziehungen zwischen Naturwissenschaft und Theologie

In den christlichen Kirchen gibt es Theologen, die sich intensiv für eine stärkere Nutzung naturwissenschaftlicher Erkenntnisse in religiösen Bereichen einsetzen. Dennoch geschieht zu wenig.

*Alexandre Ganoczy* (Rheinisch-westfälische Technische Hochschule, RWTH, in Aachen) ist der Ansicht, dass die Grenzen zwischen naturwissenschaftlicher und religiöser Weltsicht vor allem durch das Drängen theoretischer Physiker wie *Einstein, Planck, Heisenberg, von Weizsäcker, Prigogine und Davies* aus beiden Richtungen durchlässiger geworden sind. Dabei hat sich zwischen den Beteiligten ein neues Bewusstsein entwickelt. Danach ist die kosmische und menschliche Wirklichkeit so vielschichtig und komplex, »dass keine Einzeldisziplin mehr in der Lage sein kann, ihr erkenntnismäßig voll gerecht zu werden... Jede Dimension, jede Disziplin, jeder Wissensbereich harrt der Ergänzung durch andere Dimensionen, Disziplinen, Wissensbereiche. Dadurch erhalten die zwischen ihnen liegenden Grenzen einen neuen Stellenwert. Gewiss trennen die Grenzen nach wie vor. Doch erweisen sich die interdisziplinären Trennlinien zugleich als Orte des Austausches und der Kommunikation.« (*Alexandre Ganoczy*, Unendliche Weiten..., S. 13)

Solche Aussagen deuten nach einem jahrzehntelangen, stillschweigenden Nichteinmischungspakt auf eine erfreuliche Entwicklung im Bereich der Wissenschaft hin. Theologen werden immer mehr herausgefordert, sich den Erkenntnissen der Relativitätstheorie, Quantentheorie und anderer Theorien zu öffnen. Naturwissenschaftler sind im Rahmen einer neuen Bescheidenheit zu der Ansicht gelangt, dass sie mit ihren Methoden lange nicht alles lösen können. Deshalb stellen sie Fragen an die Theologie. Die Probleme, z. B. die der Atomspaltung und Gentechnik, verlangen nach einer Ethik. Für manche Naturwissenschaftler hat eine solche Ethik nur dann festen Boden unter den Füßen, wenn sie sich aus Glaubensinhalten herleiten lässt.

Diese Entwicklung, die aus interdisziplinären Bemühungen resultiert und ein neues Bewusstsein schaffen kann, wird auf wissenschaftlicher Ebene in mehreren interdisziplinären Gruppen gehegt und gepflegt. Ihre Bemühungen lassen sich zwar als wertvolle Ansätze betrachten, aber noch lange nicht als dynamische Impulse mit Breitenwirkung, obwohl viele Menschen, die in unserer modernen Welt nach überzeugenden Glaubensinhalten suchen, dringend darauf warten.

Aus Vorträgen und Diskussionen weiß ich, wie groß der »Hunger« nach Ergänzung der traditionellen Glaubensinhalte durch neue Botschaften aus den Potenzialen der Naturgesetze ist. Eine heute angemessene Ergänzung kann dafür sorgen, dass auch die überlieferten Glaubenswerte bei den gläubigen Christen wieder größere Bedeutung gewinnen.

## Christliche Symbolik und Traditionen auf neuem Niveau

Innerhalb der christlichen Kirchen spielen Traditionen eine wichtige Rolle. Sie enthalten *wertvolle Schätze*, die es zu pflegen gilt, die aber nicht alle unbedingt den Fortschritt repräsentieren müssen. Wenn die Kirchen heute mögliche Formen der naturwissenschaftlichen Erkenntnisse berücksichtigen, stellen sie Traditionen auf eine neue Grundlage.

Wenn die Verkündigungen christlicher Kirchen nicht nur mit den Traditionen der Kirchengeschichte verglichen, sondern auch mit dem Laserlicht moderner Erfahrungswissenschaften neu vermessen werden, können aufregende Neuigkeiten hervortreten. In Zukunft werden die christlichen Kirchen ihre Aufgaben besser erfüllen, wenn sie, gerade wegen der Schätze der Überlieferung und den damit verbundenen spirituellen Erfahrungen, die sie weitergeben wollen, verstärkt auch moderne Erkenntnisse der Naturwissenschaft berücksichtigen. Wer mit Hilfe des modernen Wissens mehr über Gottes Größe erfährt, bekommt einen neuartigen Zugang zu kirchlichen Symbolen und Traditionen. Diese müssen dann nicht mehr unter der drückenden Last der Glaubenssicherung ächzen, sondern können unbelastet von überflüssigen Aufgaben, ihre verschlüsselten Botschaften und ihren inneren Reichtum voll entfalten. Sie sind dann für das religiöse Leben von überragender Bedeutung, da sie, von unnötigem Ballast und überflüssigen Aufgaben befreit, mit Leben erfüllt bleiben und das moderne Glaubensleben vor allem emotional bereichern. Auch oder gerade der moderne Mensch hungert nach sinnvollen Symbolen, Ritualen und Traditionen. Diese können zunehmend an Wert verlieren, wenn sie in den symbolischen Gebäuden »Gottesbild« und »Gottesverehrung« in erster Linie als Pfeiler dienen, die den Glauben tragen oder stützen müssen. Sollten sie in dieser Funktion aufgrund moderner Entwicklungen von den Gläubigen mal nicht mehr lebendig nachvollziehbar sein, werden sie zerbrechlich oder überflüssig und bringen bei einem Zusammenbruch große Teile des Glaubensgebäudes zum Einsturz.

## Sind die Zufälle nur zufällig so wichtig?

**Prolog:** In der Evolution des Universums spielten die klassischen und Quantenzufälle eine große Rolle. Prinzipiell konnte und kann der allmächtige Gott diese Zufälle beeinflussen. Er gewährte ihnen in seiner in Ansätzen erkennbaren Konzeption trotz zahlreicher Grenzen erhebliche Freiräume.

Seit dem Urknall hat sich die Evolution an die Gesetze der Natur gehalten. Diese erlaubten dennoch genügend Freiräume für kreative Entwicklungen. Dabei spielten Zufälle eine bedeutende Rolle. Klassische Zufälle geschehen als Folge oder im Rahmen der klassischen Gesetze der Physik und Quantenzufälle gehorchen den Gesetzen der Quantenwelt.

Die klassischen Zufälle bereiten dem menschlichen Denkvermögen keine Probleme. Wenn Menschen von Zufällen sprechen, meinen sie in der Regel die klassischen, die sich, obwohl sie oft auf wundersame Weise zustande kommen (z.B. beim Würfeln), nach dem Ursache-Wirkungs-Prinzip der klassischen Physik richten. Als Beispiel für klassische Zufälle soll ein Ergebnis der Zwillingsforschung dienen. Nach *Caleb Finch* von der University California und *Thomas Kirkwood* von der Universität Manchester spielt bei der Beeinflussung des Lebensweges eines Menschen neben Erbanlagen und Umwelt auch der Faktor Zufall eine große Rolle, sogar eine größere, als bisher in der Wissenschaft angenommen wurde. Vor allem klassische Zufälle sorgen dafür, dass z.B. eineiige Zwillinge auch bei vielen Gemeinsamkeiten deutliche Unterschiede aufweisen.

»Trotz ihrer oft verblüffenden Ähnlichkeit besitzen sie unterschiedlich gebaute Gehirne. Abweichungen in der Architektur der Hirnwindungen von der allgemeinen Norm kommen nach *Finch und Kirkwood* bei ihnen mit derselben Regelmäßigkeit vor wie bei allen anderen verwandten und nicht verwandten Menschen. Offenbar lassen die genetischen Vorgaben zur Hirnarchitektur so viel individuellen Freiraum, dass sogar bei identischen Erbanlagen ein unterschiedlich gebautes Gehirn heranwachsen kann. Das gilt noch ausgeprägter für die Feinstruktur und die Anzahl der Nerven in bestimmten Hirnregionen... Zufallsereignisse, wie das dauernde Zusammenstoßen der Moleküle (Brownsche Molekularbewegung) entscheiden darüber, welchen Weg Regulationsfaktoren in einer Zelle zurücklegen und welche Zeit sie dafür benötigen. So häufen sich im Laufe des Lebens individuelle Unterschiede an, die nicht nur unser Aussehen und Verhalten mitbestimmen, sondern auch unsere Lebenserwartung – trotz aller Regulierungen durch Gene.« (*Rolf H. Latussek* in WamS, 3.12.2000, S. 47)

Die Quantenzufälle, die in der Quantenwelt von überragender Bedeutung sind, benötigen keine Ursachen. Sie werden deshalb auch echte oder absolute Zufälle genannt. Wie schon erwähnt, nehmen die Quantenzufälle Einfluss auf winzige Bereiche der Makrowelt. Diese Möglichkeit wird zurzeit erst in Ansätzen erkennbar.

Nach heutigen Erkenntnissen darf man davon ausgehen, dass die Abläufe in der Quantenwelt mit ihren Verschränkungen, Dekohärenzen, Fernwirkungen (Nichtlokalität) und Zufällen die eigentliche Grundlage für die uns zugängliche klassische Welt sind. Sie müssen dann auch eine besondere Rolle in Gottes Weltkonzeption spielen.

Die Bedeutung der klassischen und Quantenzufälle wird vielleicht verständlicher, wenn man einmal gedanklich in die persönliche Vergangenheit geht: Würden wir unsere persönlichen Ahnenreihen »nur« bis in die Zeit um Christi Geburt zurück verfolgen, obwohl sie noch wesentlich weiter zurück gehen, so könnten wir bereits in jeder Generation sehr viele klassische Zufälle entdecken, die für den weiteren Verlauf der Geschichte unbedingt nötig waren, um unser Leben zu ermöglichen. Alle klassischen Zufälle hatten Gründe, Grenzen und vielleicht Freiräume Ohne diese Ereignisse könnten wir uns heute keine Gedanken über Zufälle machen. Die schon unvorstellbar große Zahl der klassischen Zufälle würde astronomische Größenordnungen annehmen, wenn wir auch noch die Quantenzufälle hinzu zählen könnten. Ob Gott auf einige oder sogar viele dieser Zufälle Einfluss genommen hat?

## Gottes Wirken in der Welt

Ein allmächtiger Gott muss sogar in der Lage sein, außerhalb der physikalischen Gesetze zu existieren und dennoch auf das Geschehen im Universum einzuwirken. Zur Frage der Allmacht Gottes sagte mir *Gregor Weihs* vom Team *Anton Zeilinger* in Wien im Rahmen eines Gesprächs:

»Wenn es einen Gott gibt, kann er an jedem Punkt des Universums eingreifen. Diese Fähigkeit muss man ihm zugestehen. Wenn er ein nichtlokales Wesen ist, hat er keine nichtlokalen Effekte nötig. Wenn er außerhalb der bekannten physikalischen Welt existiert, darf die Physik im Wesentlichen ruhig lokal wirken, denn er kann trotzdem an jedem Punkt einwirken. Als allmächtiger Gott muss er den Menschen nicht die physikalischen Gesetze erklären, die er dazu benutzt.«

Wenn Gott, wie die christlichen Kirchen verkünden, nicht teilnahmslos außerhalb der Welt steht, sondern aktiv in ihr wirkt, stellt sich die Frage nach dem »Wie«. Welchen Freiraum gewährt er z.B.

den Zufällen? Unter welchen Bedingungen schaltet er sich ein? Ein allmächtiger Gott muss klassische sowie Quantenzufälle ermöglichen, erlauben, beeinflussen und steuern können. Eine Kernfrage lautet: Welche Rolle spielen die Zufälle in seiner Konzeption?

Für Gläubige, nach deren Vorstellung Gott zu jeder Zeit alle Abläufe im Universum steuert, also auch die klassischen und echten Zufälle, ist er ein sehr bestimmender Gott, der nicht einmal den Menschen Wahlmöglichkeiten lässt. So gesehen wären dann Katastrophen, Krankheiten, Leiden und sogar Böses sein Werk, mit dem er z.B. Menschen bestrafen könnte. Hinter solchen Vorstellungen steht das Bild eines Gottes, der in einer diktatorischen Macht- und Buchhaltermentalität vor allem an der kompromisslosen Durchsetzung seines Willens sowie an Ordnung und Strafe denkt. Leider ist dieses Bild in einigen religiösen Bereichen immer noch teilweise verankert.

Für Gott kann es viel konsequenter und wichtiger sein, nur unter bestimmten Bedingungen, die er festlegt und die Menschen nicht verstehen müssen, steuernd einzugreifen, ohne die Gesetze selbst zu oft zu verändern oder übermäßig zu strapazieren. Wenn er von sich aus in Momenten, die er für wichtig hält, gestalterisch oder regulierend eingreift, sonst aber das Geschehen in der Welt vor allem dem Spiel der Quanten, den klassischen oder Quantenzufällen, den vielen Naturgesetzen und den sich teilweise selbst organisierenden Entwicklungen in der Natur überlässt, wird er auch daraus entstehende positive oder negative Ergebnisse akzeptieren. Dennoch bleibt er allmächtig. Er nutzt seine Allmacht nur in einer anderen, für Menschen vielleicht schwer verständlichen Konzeption.

## Zufälle in der Evolution

Im 5. Kapitel kamen Zufälle und Ereignisse zur Sprache, die wegen ihrer extremen Präzision und Wirkung bei Gläubigen den Eindruck erwecken können, dass Gott seine Hand im Spiele hatte. Man darf es glauben, kann es aber mit naturwissenschaftlichen Spielregeln nicht nachweisen.

Wer die Geschichte der Evolution vom Urknall an betrachtet, möchte fast an Wunder glauben und annehmen, dass Gott alles zielbewusst gelenkt hat. Wer aber etwas genauer hinschaut, wird entdecken, dass die Entwicklung bis hin zu intelligenten menschlichen Wesen keineswegs schnurgerade und schnörkellos verlief. Es gab viele Rückschläge, Katastrophen, Umwege usw. Hätte Gott rechtzeitig schon auf viele Quantenzufälle und natürlich auf klassische Zufälle – wenigstens in unserem Sonnensystem – steuernd eingewirkt, um in denkbar kürzester Zeit intelligente, glaubensfähige Menschen zu bekommen, wären all die bekannten Irr- und Umwege überflüssig gewesen. Gerade die Evolution bietet interessante Anhaltspunkte dafür, dass Gott nicht dauernd überall, sondern vielleicht nur an besonders entscheidenden Kreuzungen der Möglichkeiten intensiv eingewirkt hat.

Der Schweizer Genetiker und Nobelpreisträger *Werner Arber*, der an die Existenz eines Gottes glaubt, spricht davon, dass Gott sich etwas selbst Organisierendes geschaffen habe, weil er schlau genug gewesen sei, eine Welt zu planen, in der er nicht überall eingreifen müsse.

Wenn es so gewesen sein sollte, wird Gott in seiner Art auch die Menschen akzeptieren, wie sie sind, nämlich mehr oder weniger intelligent, mit beachtlichem Format oder primitivsten Verhaltensstufen, gerecht oder ungerecht, rücksichtsvoll oder rücksichtslos, mit Krankheiten behaftet usw.

Das würde voraussetzen, dass er im menschlichen Bereich schon den Unbestimmtheiten und Zufällen der Quantenwelt, aus denen sich Realitäten entwickeln können, und natürlich den makroskopischen, klassischen Zufällen und naturgesetztreuen Entwicklungen sowie den Entscheidungen der Menschen ein beachtliches Selbstbestimmungsrecht einräumt. Gott kann sich gerade wegen seiner Allmacht und seines göttlichen Formats diese Verhaltensweise, die eine große Dynamik zulässt, leisten.

## Kann es im Rahmen der Naturgesetze ein ewiges Leben geben?

**Prolog:** In christlichen Kirchen spielt der Glaube an ein ewiges Leben eine überragende Rolle. Nach dem Stand der Erkenntnisse über die weitere Entwicklung im Universum sind zurzeit keine Möglichkeiten für ewige Lebensformen in Sicht. Wenn Christen dennoch daran glauben möchten, geht es mithilfe eines erweiterten Gottesbildes. Nur ein wirklich allmächtiger Gott, der sogar außerhalb der Naturgesetze wirken kann, ist in der Lage, das von Jesus Christus versprochene ewige Leben zu realisieren, auch wenn Christen die Lebensform der Ewigkeit noch nicht verstehen können. Ob und wie Gott ewige Strafen verhängt, wird den Menschen ebenfalls verborgen bleiben.

## Überlebenschancen in der Zukunft des Universums

Um die Problematik der Frage nach dem ewigen Leben für christliche Glaubensvorstellungen aufzuzeigen, möchte ich kurz auf die bereits im Kapitel 4 erläuterte Entwicklung des Universums zurückkommen.

Nach heutigem Wissensstand wird das Leben auf der Erde nach einer im kosmischen Maßstab relativ kurzen Zeitspanne wieder spurlos verschwinden, es sei denn, dass Rettungsaktionen im Rahmen der bestehenden Naturgesetze möglich sind. Wenn nicht Himmelskörper oder Atombomben das Leben der Menschen frühzeitig auslöschen, soll nach Ansicht von Kosmologen vor der Zerstörung der Erdhülle durch die Aufblähung der Sonne in den vielleicht noch verbleibenden 40 Millionen Menschengenerationen genügend Zeit vorhanden sein, menschliche Lebensformen durch Auswanderung in andere Bereiche des Universums zu retten. Dafür sind allerdings sehr günstige Entwicklungen und viele glückliche Zufälle erforderlich.

Da Leben nicht ohne freie Energie auskommt, müssen die »Wanderaktionen« spätestens dann aufhören, wenn die Energiequellen in Gestalt von Sternen ausgebrannt sind und neue nicht mehr entstehen können. *Freeman Dyson* vom Institute for Advanced Study in Princeton gilt in Fachkreisen als Universalgenie. Er arbeitet in den Bereichen Astronomie, Elementarteilchenphysik, Entstehung und Zukunft des Lebens, Philosophie sowie Religion und hat sich wie kaum ein anderer wissenschaftlich mit den langfristigen Chancen des Lebens im Universum beschäftigt. Er meint:

»Wenn es stimmt, dass die Materie irgendwann zerfällt, dann haben Lebewesen in vielleicht $10^{33}$ Jahren ein großes Problem. $10^{33}$ Jahre sind für unsere Maßstäbe eine lange Zeit, aber im Auge der Ewigkeit ein Wimpernschlag. In einem offenen Universum wird die Geschichte des Lebens gerade erst begonnen haben, wenn das Verschwinden der Materie seine Existenz bedroht.« (Bild der Wissenschaft, 6/1999, S. 71)

Ob sich Möglichkeiten für ein Überleben in sehr ferner Zukunft ergeben, wenn Theorien über ein Multiversum (S. 58) sich als richtig herausstellen sollten, wagen selbst mutige, Fantasie begabte Wissenschaftler nicht zu sagen.

*Freeman Dyson* beschreibt das Ausloten der Zukunft im Universum durch heutige Modelle so:

»Es wäre töricht, an ein bestimmtes Modell vom Universum zu glauben, denn unser Wissen von ihm ist sehr bruchstückhaft und unsere Vorstellungen ändern sich schnell… Wahrscheinlich unterscheidet sich das Universum stark von unseren Modellen und enthält viele wunderbare Dinge, die wir uns noch gar nicht vorgestellt haben.« (Bild der Wissenschaft, 4/2002, S. 45)

Dennoch ist ein Vergleich der heutigen Erkenntnisse mit religiösen Aussagen über das Ende der Welt und ein ewiges Leben wichtig: Kann das Ende der Welt schon durch einen Kometeneinschlag oder einen Atomkrieg herbeigeführt werden? Meint die Bibel mit der Apokalypse vielleicht Entwicklungen, die in erheblich späteren Zeiträumen ablaufen, z. B. dann, wenn sich unsere Sonne aufbläht oder die Lichter der letzten Sterne im Universum endgültig erlöschen?

Die von Naturwissenschaftlern veröffentlichten Denkansätze und Theorien über die Zukunft des Universums sagen zunächst einmal nichts anderes aus, als dass die Menschheit unter bestimmten Bedingungen noch für sehr lange Zeit in irgendeiner Lebensform existieren kann.

Jedes menschliche Lebewesen, das bisher auf der Erde gelebt hat, musste sterben, jedes derzeit und bis in die fernste Zukunft hinein existierende wird ebenfalls sterben. Solche Behauptungen müssten wohl auch für intelligente Lebewesen gelten, die möglicherweise auf anderen Himmelskörpern im riesigen Universum leben. Was bedeutet im Rahmen solcher Kenntnisse ein Weiterleben nach dem Tode? Im Rahmen der heute bekannten Naturgesetze und kosmologischen Zukunftstheorien ist ein Leben nach dem Tode in Lebensformen, die Menschen heute bereits erfahren oder sich vorstellen können, nicht erkennbar. Deshalb wird es ziemlich spannend, denn die Erkenntnisse der Kosmosforschung lassen sich mit den Aussagen christlicher Religionen zurzeit noch nicht in Übereinstimmung bringen.

Die erwähnten, teilweise abenteuerlich anmutenden Denkmodelle für die ferne Zukunft des Universums bieten zwar einige hoffnungsvolle Denkansätze für ein langes Leben im Universum, aber derzeit noch keine konkret begründeten Theorien. Von einem ewigen Leben ist dabei nicht die Rede, es sei denn, man betrachtet das erwähnte Denkmodell, nach dem das Universum mit Hilfe des Quantenfeldes Quintessenz (S. 88) einen immer wiederkehrenden ewigen Prozess aus Ur- und Endknall erfahren soll, als eine mögliche Theorie. Geraten damit die christlichen Kirchen in ein Dilemma, da ja das ewige Leben für ihre Glaubensvorstellungen sehr wichtig ist?

Vielleicht hat *Freeman Dyson* Recht, wenn er davon ausgeht, dass sich die künftige Entwicklung des Universums erheblich von den derzeitigen Modellen unterscheidet und noch bisher unvorstellbare Möglichkeiten bereithält. Wenn in der Kosmologie noch derartige Unsicherheiten bestehen, kann eine konkrete Antwort auf die Frage, ob ein ewiges Leben nach naturwissenschaftlichen Maßstäben überhaupt denkbar ist, noch nicht gegeben werden.

Die Bibel geht nicht von naturwissenschaftlichen, sondern von religiösen Vorstellungen aus. *Jesus Christus*, hat sich nach den Aussagen der Heiligen Schrift zur Frage eines ewigen Lebens deutlich geäußert: Er versprach es den Menschen und setzte selbst durch seine in der Bibel geschilderte Auferstehung und Himmelfahrt bedeutsame Zeichen. Doch wie will Gott sein Versprechen einlösen?

Christen setzen große Hoffnungen in diese neue Lebensform. Dennoch wird der Glaube daran nicht ganz einfach, wenn mit den naturwissenschaftlichen Erkenntnissen nicht auch das Gottesbild wächst. Die derzeitigen Kenntnisse über die weitere Entwicklung des Kosmos schließen, wie schon erläutert, im Rahmen kosmologischer Hochrechnungen ein ewiges Leben in einer uns verständlichen Form weitgehend aus. Vielleicht ist so eine Diskussion aber in Jahrzehnten oder Jahrhunderten möglich. Wie können sich Christen in der Zwischenzeit verhalten?

## Argumentation für ein ewiges Leben

Bis zu weiteren eindeutigen Erkenntnissen ist folgende Argumentation vertretbar: Das heutige Wissen über die Evolution des Universums und die Vorgänge auf Quantenebene zeigt deutlich, dass man einen Gott, der dieses Prädikat verdient, nicht hoch genug einschätzen kann. Gott muss viel intelligenter und mächtiger sein, als Menschen es sich überhaupt vorstellen können. Mit so einem mächtigen Gott haben sie es zu tun, wenn sie an ihn glauben. Die Kirchen bezeichnen ihn als einen Gott der Gerechtigkeit und Liebe. Eine sehr beruhigende Aussage; denn wäre dieser Gott engstirnig und rachsüchtig, müsste man sich dauernd vor ihm fürchten. Dann würde man eine gemeinsame Ewigkeit mit ihm nicht unbedingt herbeisehnen. Nur wenn es einen wirklich allmächtigen Gott gibt, kann man zurzeit unter Berücksichtigung kosmologischer Entwicklungsmöglichkeiten ernsthaft über ein ewiges Leben diskutieren. Die menschlichen Vorstellungen über die Allmacht Gottes werden durch neue wissenschaftliche Forschungen zunehmend ausgeprägter. Vor Jahrzehnten oder Jahrhunderten durften diese Vorstellungen noch wesentlich einfacher sein. Die kritischen Glaubensfragen bewegten sich damals auf einem anderen

Niveau, das in unserer Zeit nicht mehr ausreicht. Kurz gefasst lässt sich sagen: Wenn es diesen Gott gibt, der die Naturgesetze geschaffen hat und beherrscht, besitzt er auch die Macht, jedem Menschen ein ewiges Leben zu ermöglichen. Sonst wäre er nicht allmächtig. Dieser Gott muss sogar außerhalb der Naturgesetze wirken können. Im Rahmen des Glaubens ist es zwar bedauerlich, aber im Prinzip weniger wichtig, dass die Lebensform in einem ewigen Leben sich heute noch nicht beschreiben lässt. Nur das Vertrauen zu einem wirklich allmächtigen Gott, kann so einen bedeutsamen Glaubensakt leisten. Das inzwischen mögliche Gottesbild erlaubt es Gläubigen, auf ein ewiges Leben zu hoffen, auch wenn die Wissenschaft noch keine Lösungsmöglichkeiten bieten kann. Beim heutigen Wissensstand der Kosmologie ist diese Vertrauenslogik noch verständlich und vertretbar, aber sie darf nicht allgemein bei allen schwierigen Fragen überstrapaziert werden.

Über das von Gott versprochene ewige Leben gibt es visionäre Gedankengänge, die ihre Berechtigung und ihren Wert haben, wenn sie nicht zu verbindlichen Aussagen gerinnen.

Der Theologe *Hans Küng* meint:

»Wie muss man sich die Auferstehung vorstellen? Antwort: überhaupt nicht! »Auferweckung« und »Auferstehen« sind metaphorische, bildhafte Termini, übernommen vom Aufwecken und Aufstehen aus dem Schlaf. Aber beim Aufwecken und Aufstehen aus dem Tod geht es nicht um die Rückkehr in den Wachzustand des alltäglichen Lebens, sondern die radikale Verwandlung in einen völlig anderen, unerhört neuen, endgültigen Zustand: das ewige Leben. Und da gibt es nichts auszumalen, vorzustellen, zu verobjektivieren. Es wäre ja kein anderes Leben, wenn wir es mit den Begriffen und Vorstellungen aus unserem Alltagsleben anschaulich machen könnten, gleichsam als die Steigerung und Überbietung von Alltagswünschen und Sehnsüchten in einen paradiesisch ausgemalten Himmel… Weder unsere Augen und Ohren noch unsere Phantasie können uns hier weiterhelfen; sie können uns nur irreführen. Das neue Leben bleibt für uns erhoffbar, doch völlig unanschaulich und unvorstellbar.« (*Hans Küng*, Ewiges Leben, S. 142)

Diese Aussage bleibt im Prinzip richtig, sie entbindet aber nicht die Verantwortlichen, zu prüfen, ob sich aus naturwissenschaftlichem Wissen neue Überlegungen anbieten. Da wären z. B. die Erkenntnisse über die Nichtlokalität in der Quantenphysik, die hoffnungsvolle Gedanken freisetzen: Ist das ewige Leben vielleicht ein Existieren in einer überwiegend nichtlokalen Welt, die sich uns bisher durch Superpositionen, Verschränkungen und Nichtlokaltität nur andeutungsweise zeigt? Um darauf eine Antwort geben zu können, müssen wohl noch viele wichtige naturwissenschaftliche Forschungsergebnisse erzielt werden.

*Hans Küng* sagt:

»Die Ewigkeit ist nicht bestimmt durch Vor und Nach. Sie meint vielmehr ein die Dimension von Raum und Zeit sprengendes neues Leben in Gottes unsichtbarem, unvergänglichem, unbegreiflichem Bereich. Nicht einfach ein endloses »Weiter«: Weiterleben, Weitermachen, Weitergehen. Sondern ein endgültiges »Neues«: neuer Mensch und neue Welt… (w. o. S. 148)

Der Himmel des Glaubens ist kein Ort, sondern eine Seinsweise; der unendliche Gott ist im Raum nicht lokalisierbar, durch die Zeit nicht begrenzbar.« (w. o. S. 185)

## Gibt es eine Hölle?

Fällt das Stichwort Himmel, ist der Begriff Hölle meistens auch nicht weit. Obwohl heute in den christlichen Kirchen das Höllenproblem anders diskutiert wird als noch vor Jahrzehnten oder Jahrhunderten, bewegt es immer noch in erstaunlichem Umfang die Gemüter der Christen und sollte schon deshalb bei der Frage nach dem ewigen Leben nicht ausgeklammert werden: Was bedeuten heute christliche Überlieferungen zum Thema Hölle? Im Sinne der traditionellen Theologie werden Höllenstrafen für ewige Zeiten verhängt. Danach kann also ein Mensch wegen einer Todsünde ewig in der Hölle gequält werden, ohne die geringste Chance auf eine Erlösung zu erhalten.

Ein allmächtiger Gott kann natürlich strafen, im Sinne einer gewissen Gerechtigkeit müsste er es sogar, denn sonst würden ja Menschen, die sich ihr Leben lang bemüht haben, Gottes Willen zu erfüllen, mit z.B. Hitler und Stalin oder anderen Massenmördern und Großverbrechern auf eine Bewertungsstufe gestellt. Doch die Frage ist mehr als erlaubt, ob der unvorstellbar intelligente Gott, der das riesige Universum ermöglicht hat, keine anderen Strafmaßnahmen erfinden kann als ewige, grauenvolle Torturen, die in erster Linie in der menschlichen Vorstellungskraft einer folterreichen Zeit entstanden sind?

»Ist er solch ein hartherziger Gläubiger? Ein Gott der Barmherzigkeit, von dessen Barmherzigkeit Tote ausgeschlossen wären? Ein Gott des Friedens, der den Unfrieden und die Unversöhntheit verewigte?

Ein Gott der Gnade und Feindesliebe, der gnadenlos eine ganze Ewigkeit an seinen Feinden Rache nehmen könnte? Was würde man von einem Menschen halten, der derart unversöhnlich und unersättlich seinen Rachedurst befriedigte? … (*Hans Küng*, Ewiges Leben, S. 176)

»Wenn Menschenleben und Menschheitsgeschichte ein Ende haben, was steht an diesem Ende? An diesem Ende steht nicht das Nichts, sondern Gott. Gott, der wie der Anfang so auch das Ende ist. (w. o. S. 272) Was heißt es, an eine Vollendung im ewigen Leben durch den Gott, wie er sich in Jesus von Nazaret gezeigt hat, zu glauben? An ein ewiges Leben glauben heißt, mich in vernünftigem Vertrauen, in aufgeklärtem Glauben, in geprüfter Hoffnung darauf zu verlassen, dass ich einmal voll verstanden, von Schuld befreit und definitiv angenommen sein werde und ohne Angst ich selber sein darf.« (w. o. S. 293)

Der Glaube an ein ewiges Leben verlangt in unserer Zeit von den Gläubigen viel Glaubenskraft, die ohne ein solides Glaubensfundament und überzeugend sprudelnde Glaubensquellen kaum aufzubringen ist. Dabei steht wieder einmal das heute mögliche Gottesbild im Vordergrund. Nur einem auch im Sinne der Naturgesetze allmächtigen Gott kann man in so einer wichtigen Frage wirklich Glauben und Vertrauen schenken. Wenn er die wirksamen Naturgesetze und das Universum geschaffen hat, ist er auch in der Lage, die versprochenen ewigen Lebensformen im Rahmen seiner jetzigen Konzeption oder sogar mithilfe ganz neuer Gesetze zu realisieren. Der Glaube an ein ewiges Leben setzt in unserer Zeit ein Gottesbild voraus, das ohne die Einbeziehung naturwissenschaftlicher Erkenntnisse nicht existieren kann. Diese Aussage kann Christen ermutigen, aber auch in der Theologie für Unruhe sorgen. Sie könnte z. B. Theologen dazu verleiten, die Einbeziehung naturwissenschaftlicher Erkenntnisse in theologische Überlegungen nun erst recht zu blockieren. Es ist doch viel bequemer, mit bewährten religiösen Gedankengängen und Gefühlen die Frage nach dem ewigen Leben ausschließlich religiös zu klären. Dazu lässt sich nur sagen: So eine Festungsmentalität ist sehr gefährlich. Außerdem ist sie unbegründet. Wenn es den allmächtigen Gott gibt, an den die Christen glauben, darf es auf Dauer keine Widersprüche zwischen religiösen und naturwissenschaftlichen Erkenntnissen geben.

# Weshalb verhindert Gott nicht Leid und Böses (Theodizeefrage)?

**Prolog:** Seit Jahrhunderten suchen Philosophen und Theologen nach einer einsichtigen und befriedigenden Antwort auf diese Frage. Menschen können nicht verstehen, dass ein allmächtiger, gerechter und gütiger Gott Katastrophen, Not, Leid und Böses zulässt. Fördert er vielleicht manchmal sogar solche Ereignisse, um Menschen zu bestrafen? Ist er gar nicht allmächtig beziehungsweise konsequent, gerecht und gütig? Im Buchtext werden mögliche Antworten erläutert. Besonders die Aussagen, die Erkenntnisse der Quantenphysik berücksichtigen, führen bei der Theodizeefrage zu teilweise neuen Denkansätzen, in denen eine erst seit kurzer Zeit erkennbar werdende Schöpfungskonzeption Gottes eine Rolle spielt.

## Leid und Böses als Hindernisse für den Glauben

Der Jesuit *Peter Ehlen* sieht in dieser Frage ein bedeutendes Glaubensproblem unserer Zeit:

»Eine besondere Stelle unter den Einwänden gegen den Gottesglauben nimmt die Erfahrung des Bösen und des Leids in der Welt ein. Hier handelt es sich nicht mehr um einen von außen kommenden erkenntniskritischen Einwand, sondern um einen, der den Glauben von innen her trifft. Wo Gott, wie im Christentum, als allwissend, allmächtig und allgütig geglaubt wird und die Erfahrung doch zeigt, dass er seine Macht und sein Wissen nicht nutzt, um den Menschen das Leiden zu ersparen, können Zweifel aufsteigen, ob der Glaube an Gottes Allmacht und Allgüte begründet, und weiter, ob Gott überhaupt wirklich ist… Theoretisch ist diese Frage nicht zu beantworten. Wo das Leiden anderer nicht aus der Distanz beobachtet wird, sondern Familienangehörige, Kinder und nächste Freunde trifft, kann diese Erfahrung zur tiefsten Krise des Glaubens an Gott bis zum verzweifelten »Es kann Gott nicht geben« führen. Die Hoffnung auf eine Zukunft im Himmel, die Leid und Schmerz durch Seligkeit und Gerechtigkeit ausgleicht, wird dem hier und jetzt Leidenden ebenso wenig eine befriedigende Antwort sein wie der Verweis auf die Beschränktheit seiner menschlichen Einsicht angesichts der unerforschlichen Ratschlüsse Gottes… Dennoch zeigt die Erfahrung, dass der Glaube an Gott nicht scheitern muss… Das Leid wird nicht ausgelöscht, doch kann es im Glauben, dass Gottes Liebe es mit leidet, als geheilt und heilend ertragen werden.« (Hrsg. *Rainer Koltermann*, Universum, Mensch, Gott, S. 314f)

## Leid und Böses als Strafe Gottes?

Will Gott durch Unheil Menschen bestrafen? Dann müssten doch nur die erreicht werden, die eine Strafe verdient hätten. Die Realität sieht anders aus, denn viel zu oft sind Unschuldige betroffen. Möchte er vielleicht gar nicht strafen, muss aber zuschauen, weil er einen Teil seiner Macht an die Naturgesetze abgetreten hat und deshalb nicht in der Lage ist, Unheil zu verhindern? Unter solchen Umständen wäre Gott nicht allmächtig. Wenn man die Straflogik auf die Spitze treibt, wären Menschen, die anderen Böses tun, im Prinzip ja Gottes Helfer, da sie seine Strafen »gewissenhaft« ausführen. Hinter solchen Gedanken verbirgt sich ein Gottesbild, in dem Gott engstirnig, unbeherrscht und rachsüchtig wirkt. Bei einem Gott, der die Urheberrechte für den Urknall und die Evolution für sich in Anspruch nimmt, wirkt die geschilderte Strafmentalität absurd.

Auch ohne Strafgedanken bleibt immer noch die Frage, weshalb Gott Leid und Böses zulässt, obwohl er es verhindern könnte, weil er ja allmächtig, gerecht und barmherzig ist. Allmacht muss man ihm schon zutrauen, wenn man seine Schöpfungsleistungen im Universum betrachtet. Weshalb greift er nicht wenigstens ein, wenn z.B. Seuchen, Katastrophen und Kriege unvorstellbares Leid bewirken? Weshalb provoziert er bei Menschen, die gern an einen allmächtigen und gütigen Gott glauben möchten, Zweifel an seinem Können?

In so einem Dilemma wenden sich Gläubige häufig von Gott ab, verzweifeln oder erhalten mit Mühe und Not ihren Glauben durch religiöse Polster und emotionale Hilfen.

## Weshalb duldet Gott Leid und Böses?

Die Frage nach dem Warum beschäftigt christliche Denker, Philosophen, Dichter und sogar Atheisten seit Jahrhunderten. In unserer Zeit erhält auch naturwissenschaftliches Denken größeres Gewicht bei der Suche nach Antworten. Für diese Entwicklung möchte ich einige Beispiele bringen.

Im traditionellen Sinne machte man u.a. Übel und Böses zum Werkzeug des Guten und führte beides auf die Schuld des mit freiem Willen ausgestatteten Menschen zurück.

»Man will die Widersprüche zwischen der Existenz von Qualen in der Schöpfung einerseits und der Existenz eines zugleich guten und allmächtigen Schöpfergottes andererseits vernünftelnd-spekulativ (weg-)erklären, um so in einem umfassenden Gesamtsystem der Vernunft den Gottesglauben mit einer leidvollen Welt rational zusammendenken zu können. Solche eher harmonisierende Verabredung mit einem allmächtigen Gott hinter dem Rücken der unschuldig leidenden Kreaturen führt einerseits zur beschwichtigend-zynischen Verharmlosung konkreten Leidens, andererseits zu grotesken Vorstellungen von Gott, der günstigstenfalls zum wenig fürsorglichen Vater, schlechtestenfalls zum sadistischen Monster degeneriert.« (*Hans Kessler*, Gott und das Leid der Schöpfung, Echter Verlag 2000, S. 40)

In manchen Überlegungen kommt es zu einer Verschmelzung von Gottes Allmacht und Güte. In diesem Sinne meint der dänische Philosoph *Sören Kierkegard* (1813 bis 1855):

»Allein die Allmacht kann sich zurücknehmen, indem sie sich hingibt, und dies Verhältnis ist ja eben die Unabhängigkeit des Empfangenden. Gottes Allmacht ist darum seine Güte. Denn Güte ist sich ganz hingeben, aber dergestalt, dass man, indem man allmächtig sich selbst zurücknimmt, den Empfangenden unabhängig macht.« (w. o. S. 66)

Viele Theologen (z.B. *Karl Rahner*) betrachteten Leid und Böses als ein großes Geheimnis, das der Mensch nicht begreifen könne. Nur Gott sei in der Lage, es zu erklären. *Atheisten* griffen diese These scharf an:

»Heutige atheistische Religionskritiker wie *Günther Streminger* oder *Bernward Gesang* sehen in solchem Rückzug aufs unbegreifliche Geheimnis eine »Immunisierungsstrategie des Glaubens« am Werk: Weil ein allmächtiger und allgütiger Gott mit dem Leid in der Welt sich nicht rational vereinbaren lasse, ziehe sich der Glaube, wenn ihm die Argumente ausgehen, hinter die Grenzen der Vernunft ins rational Unbegreifliche zurück, während er oft gleichzeitig rationale Argumente beanspruche, um die Existenz Gottes zu belegen.« (w. o. S. 82 ,)

Einige Theologen sehen den Sinn des Leidens darin, dass Menschen so erst zu einer großen personalen Hingabe an Gott heranreifen können.

In unserer Zeit beziehen Theologen inzwischen die Naturwissenschaft stärker in ihre Theodizeefrage mit ein. Wegen der Regelmäßigkeit und Verlässlichkeit war es möglich, dass sich physikalische und biologische Strukturen bis hin zum Menschen bilden konnten. In so einer Welt ist die Willensfreiheit des Menschen nur gewährleistet, wenn die Naturgesetze konstant bleiben, da nur so die Folgen menschlicher Entscheidungen erkennbar werden. Die gleichen Naturgesetze, die Willensfreiheit und Verantwortung erst ermöglichen, begrenzen andererseits die menschliche Freiheit und erzeugen Leid und Tod.

»Die Evolution ist ein nicht strikt determinierter Prozess. Sie tastet sich voran, probiert viele Wege aus und gibt viele dieser Wege als Sackgassen wieder auf. In diesem relativ freien Spiel der Kräfte entstehen außer Wohltaten unvermeidlich auch physische Übel, die uns schaden und Leid verursachen (Naturkatastrophen wie Erdbeben, Flutwellen, genetische Fehlbildungen und Störungen, Unfälle usw.). Wäre es anders, wäre der Evolutionsprozess Schritt für Schritt mechanistisch determiniert, so könnten aus diesem Prozess niemals Lebewesen mit zunehmender Autonomie und schließlich der Mensch mit Willensfreiheit hervorgehen. Vielmehr wären dann alle Lebewesen in ihrem Verhalten restlos determiniert, der Mensch wäre daher unfähig, sich selbst zu bestimmen und andere zu lieben (er wäre wie eine passive, mechanische Puppe an manipulierten Fäden). Nur in einem evolutionären Prozess, der nicht strikt determiniert ist, in dem also auch alles Mögliche schief gehen kann (und es immer Schmerzen, Leiden, Übel geben wird), können auch Freiheit und Liebe auftreten.« (w. o. S. 91)

Wenn menschliche Freiheit gottgewollt ist, muss Gott auch Freiheitsmissbrauch, Übles, Not und Leid als unvermeidliche Begleiterscheinungen akzeptieren.

»Wenn er der Urgrund (Schöpfer) der Welt ist und damit diese Übel hinnimmt, dann bewertet er offenbar die innere Autonomie und Freiheit als Ergebnis der Evolution höher als diese Übel. Dann sind ihm Geschöpfe, die Lust und Leid empfinden, ja die in Freiheit die anderen Geschöpfe und ihn selbst lieben können, ein unschätzbar hohes Gut, ja alles wert.« (w. o. S. 93)

Bei dieser Begründung akzeptiert Gott Leid und Böses als Preis der Freiheit und Liebe. Nach dem christlichen Schöpfungsglauben ist Gott die Liebe und die Allmacht. Er gibt die Welt frei für eine Eigenaktivität und verzichtet dafür auf eine übermächtige Machtausübung.

*Hans Kessler* erklärt dieses Verhalten Gottes so:

»Insofern beschränkt Gott sich und seine Macht in der Tat für eine gewisse Frist: für die Frist der kosmischen und biologischen Evolution, für die Frist der Menschheitsgeschichte, für die Frist jeden individuellen Lebens bis zu dessen Tod. Für diese Frist beschränkt Gott sich und seine Macht gegenüber dem anderen, der Schöpfung, und bindet sich an das (Zusammen-)Wirken der mit eigenen Wirkkräften ausgestatteten Geschöpfe, dessen Ergebnisse – in der Natur wie in der Geschichte – längst nicht immer seinem (guten) Willen entsprechen müssen.« (w. o. S. 111)

Nach dieser Version will Gott nichts Übles und Böses, duldet sie aber für eine befristete Zeit. In dieser Zeit leidet er bei jedem Geschöpf zutiefst mit.

*Hans Kessler* verbindet mit diesen Überlegungen die Frage nach dem ewigen Leben.

»Das macht den Gedanken nicht undenkbar, dass wir – in einem uns geschenkten neuen Leben nach dem Tod – vielleicht auch das erlittene Leid und Übel, das als solches gewiss nicht zu bejahen ist, dennoch als Teil unserer eigenen Geschichte annehmen können, in der wir zur der Person geworden sind, der Gott Vollendung schenkt.« (w. o. S. 117)

## Bedeutung wichtiger Erkenntnisse der Quantenphysik für die Theodizeefrage

Die bisher erwähnten Beispiele und Überlegungen zur Theodizeefrage möchte ich noch vertiefen, indem ich Erkenntnisse der Quantenphysik berücksichtige.

Das Leben eines Menschen wird u. a. von sehr vielen Zufällen im Makrobereich (klassische Zufälle) und echten Zufällen auf Quantenebene (Quantenzufälle) sowie von chemischen und biologischen Abläufen bis hin zu Denkleistungen und Bewusstseinszuständen beeinflusst oder gestaltet.

In diesem Zusammenhang taucht erneut die Frage auf, wie weit sich Gott in solche Vorgänge einmischt. Entscheidet er sehr viel selbst? Überlässt er das Meiste den klassischen oder Quantenzufällen, physikalischen Gesetzen und der Entscheidungsfreiheit des Menschen? Für die zweite Annahme spricht viel. Weshalb hätte Gott sonst seinen Sohn zu den Menschen geschickt, um ihnen Orientierung anzubieten, wenn er doch selbst alles bestimmen möchte.

Auf Quantenebene sind Quantenzufälle, Unbestimmtheiten, Wahrscheinlichkeiten und Fernwirkungen sehr wichtig. Diese wirken, wie bereits erläutert (S. 25), in gewissem Umfang in die Abläufe der Makrowelt hinein (z. B. auf Molekülebene), die von klassischen Gesetzen beherrscht werden. Eine winzige Fehlentwicklung im Mikrobereich kann sich dann unter bestimmten Umständen zu größeren weiter entwickeln. In der Makrowelt gibt es zwar auch Zufälle, die aber nicht denen der Quantenwelt entsprechen. Die Zufälle der Mikro- und Makrowelt insgesamt führen also, wenn sie nicht dauernd zielbewusst gesteuert werden, u. a. auch zu Fehlentwicklungen. Deshalb sind Krankheiten, Leiden, Erdbeben, Sturmfluten usw. nicht zu vermeiden. Wenn Gott so etwas verhindern wollte, müsste er bereits auf Quantenebene beginnen, alle Entwicklungen so zu regeln, dass keine negativen Folgen für Menschen entstehen könnten. Ein allmächtiger Gott wäre dazu in der Lage, jedoch nur dann, wenn er dauernd in die grundlegenden Gesetze der Natur eingreifen würde. Wenn Gott den Menschen alles Unangenehme ersparen wollte, müsste er fortwährend die wichtigen Eckpfeiler seiner Schöpfung schwächen und beeinflussen, die für die Menschen lebenswichtig und für die bestehende Welt unerlässlich sind. Solche gravierenden Eingriffe könnten in der Natur unabsehbare negative Nebeneffekte und Folgen auslösen. Unter diesem Gesichtspunkt ist es nicht ganz fair, Gott Schwäche und Versagen vorzuhalten, denn den grundlegenden Gesetzen verdankt der Mensch die ungeheure Dynamik auf Quantenebene sowie die Stabilität in der Natur und damit seine eigene Existenz. Außerdem kann der Mensch nur wegen der Fülle an Möglichkeiten zu freien Entscheidungen kommen.

Vom Urknall bis zur Entwicklung des Menschen haben bereits unzählige klassische Zufälle und Quantenzufälle das Geschehen mitbestimmt. Dabei waren viele, auch kosmische Umwege nötig, bis auf dem winzigen Planeten Erde Menschen lebten, die sich bemühten, mit schöpferischem Geist und Bewusstsein »die Erde untertan zu machen«. Die vorhandenen Naturgesetze haben diese Entwicklung ermöglicht. Wer an Gott glaubt, sieht in ihm den Schöpfer dieser Gesetze, der vielleicht manchmal oder sogar oft eingreifen musste, um seine großen Ziele nicht zu gefährden. Es ist schon ein Unterschied, ob Gott nur in für ihn wichtigen Momenten oder dauernd auf unterschiedlichen Ebenen bis in den Quantenbereich hinein eingegriffen hat.

War Gott mit seinen Grundgesetzen der Natur eigentlich im Prinzip zufrieden? In der Schöpfungsgeschichte der Bibel gibt es an mehreren Stellen (Genesis 1.4, 1.10, 1.12, 1.18, 1.25) Hinweise zu dieser Frage, nämlich in dem Sinne: »und Gott sah, dass es gut war«. Vielleicht lässt sich aus dieser Botschaft entnehmen, dass Gott mit seiner Schöpfung, wenigstens was die Grundgesetze und Grundstrukturen angeht, wirklich zufrieden war. Das gilt dann vor allem auch für die schon erwähnten Quantengesetze mit ihren Unbestimmtheiten und Wahrscheinlichkeiten sowie für die klassischen Gesetze der Natur bis hin zu den Relativitätsgesetzen.

Viele Schicksalsschläge sind nicht nur das Produkt von Zufällen. Häufig spielen auch Entscheidungen und Handlungen von Menschen eine mehr oder weniger große beziehungsweise die entscheidende Rolle. Dadurch kann Böses geschehen. Und weshalb lässt Gott es zu?

Der Mensch ist trotz aller Zufälle, die auch sein Leben beeinflussen, mithilfe seines Gehirns in der Lage, zu denken und selbständig Entscheidungen zu fällen, u. a. auch Gewissensentscheidungen. Dabei hat er einen mehr oder weniger großen Entscheidungsspielraum, so dass er auch Handlungen begehen kann, die Böses bewirken. Weshalb verhindert Gott nicht wenigstens das Böse auf der Ebene der menschlichen Entscheidungsfreiheit? Da das Böse in der Welt wesentlich von menschlichen Entscheidungen abhängt, die zwar auch, aber nicht in erster Linie von Zufällen bestimmt werden, könnte man immerhin noch fragen: Weshalb lässt sich der allmächtige Gott das von Menschen verursachte Böse bieten?

Wenn er den Menschen geistige Fähigkeiten ermöglicht und ihnen Entscheidungsspielraum gewährt, sind auch Handlungen, die Böses bewirken, nicht auszuschließen. Entweder lässt er den Menschen Freiräume für eigene Entscheidungen, dann sind auch solche mit bösen Folgen möglich, oder er mischt sich bei allen erforderlichen Gelegenheiten massiv in die menschliche Entscheidungsfreiheit ein, um Böses rechtzeitig zu verhindern. Vor allem die Betroffenen, die Leid oder Böses persönlich erleben, haben es schwer, sich mit solchen Gedankengängen anzufreunden. Auch Sie und ich gehörten vielleicht schon dazu oder werden in Zukunft leidvolle Erfahrungen machen. Andererseits darf man auch eine positive Seite erkennen: Gott erwartet von den Menschen eigenständige Entscheidungen. Demnach duldet Gott Entscheidungen, die er bei seinem Format überhaupt nicht akzeptieren müsste, weil er die Menschen als Partner und nicht als unterwürfige Untergebene betrachtet. Gott hat es nicht nötig, seine Allmacht streng und absolut durchzusetzen. Es spricht für sein Format, wenn er menschliche Entscheidungen ernst nimmt, akzeptiert oder duldet, auch wenn sie aus seiner allwissenden Sicht falsch sind und Unheil anrichten. Er hat den Menschen durch *Jesus Christus* Maßstäbe gegeben und sie aufgefordert, verantwortungsvoll zu handeln, aber nicht mit Forderungen erdrückt.

In gewissem Umfang haben klassische und Quantenzufälle während der Evolution in Milliarden von Jahren mit dazu beigetragen, dass sich Lebewesen bis hin zu Menschen entwickelten, die im Rahmen ihrer Entscheidungsfreiheit auch zu bösen Handlungen fähig sind.

Die grundlegenden Spielregeln der Natur in Gestalt der Quantengesetze und aller anderen Naturgesetze ermöglichen gläubigen Menschen, erst andeutungsweise erkennbare Hinweise auf eine bislang kaum bekannte Konzeption Gottes weiter zu verfolgen. Dazu ist vor allem theologisches Rüstzeug erforderlich. Auf der Suche nach Gottes Konzeption mit den Möglichkeiten unserer Zeit kann die Theologie mit Hilfe naturwissenschaftlicher Erkenntnisse eine neuartige Ebene des Umgangs mit dem allmächtigen Gott entdecken und ausbauen.

## Gottes Wirken in der Welt

**Prolog:** Zur Grundkonzeption Gottes für diese Welt gehören auch mögliche Fehlentwicklungen. Wenn Menschen darunter leiden, leidet er mit ihnen. Durch *Jesus Christus* hat er den Menschen die Vollendung in einer neuen, noch verborgenen ewigen Lebenswelt versprochen.

### Wie kann man Gottes Wirken verstehen?

Was lässt sich über Gott sagen, wenn man davon ausgeht, dass er allmächtig und für die Konzeption unserer Welt verantwortlich ist?

Gottes Schöpfungsleistung muss nach derzeitigem Erkenntnisstand der Naturwissenschaften so groß gewesen sein, dass nur ein allmächtiger Gott sie erbringen konnte.

Die Quantengesetze spielen in seiner Weltkonzeption eine überragende Rolle. Sie ermöglichen erst den Aufbau, die Vielfalt und die Stabilität der klassischen Materie. In einigen Weltmodellen von Kosmologen sind Quantenvorgänge mit gigantischen Ausmaßen bereits vor dem Urknall oder vielleicht in anderen Universen von überragender Wichtigkeit (Kapitel 4). Wenn Gott ihnen in seinen Plänen eine derart große Bedeutung zugewiesen hat, dürfte es für gläubige Menschen kein Hindernis geben, die Quantengesetze religiös ebenfalls hoch zu bewerten. Dann werden verschränkte Quantensysteme mit ihren potenziellen Möglichkeiten, nichtlokalen Eigenschaften und absoluten Zufällen bei Dekohärenzvorgängen (S. 32) zu wertvollen Hinweisen Gottes. Unter diesem Aspekt enthalten sie mit hoher Wahrscheinlichkeit bisher noch verborgene Botschaften, die erheblichen Einfluss auf das künftige theologische Denken nehmen können. Der allmächtige Gott hat es mehr als verdient, dass seine Schöpfungsleistungen von den Kirchen auf einem heute möglichen Niveau gewürdigt und in die religiösen Verkündigungen einbezogen werden, auch wenn die damit verbundenen Denkweisen zunächst fremdartig und unbequem sind.

Der absolute Quantenzufall ereignet sich dauernd überall in uns und um uns herum. Er ist ein wesentlicher Bestandteil der gesamten Schöpfung und beeinflusst in seiner Art die Gestaltung der klassischen Welt auf atomarer oder molekularer Ebene. Von diesen Größenordnungen aus kann er entweder unbedeutend werden oder sich mit Hilfe klassischer Gesetze und Zufälle weiter ausdehnen. Dass ein bei der Dekohärenz absolut zufälliges Ergebnis direkt einen Wirbelsturm auslöst oder ein Containerschiff zerbrechen lässt, ist unsinnig. Die Beeinflussung der uns zugänglichen klassischen Materie wird wohl nur auf ihrer untersten Ebene in atomaren oder molekularen Bereichen möglich sein. Die Quanten- und die vielleicht daraus folgenden klassischen Zufälle sowie Abläufe können nicht nur zu positiven, sondern auch zu negativen Entwicklungen führen. Wenn in Gottes Grundkonzeption die Welt nur so existiert, dann konnten sich menschliche Wesen mit Intelligenz und Gewissensfreiheit auch nur deshalb entwickeln. Fehlentwicklungen in der Natur sind unter den geschilderten Umständen nicht mehr auf eine Schwäche oder Unzulänglichkeit Gottes zurückzuführen, sondern sie gehören zu dem Konzept seiner Schöpfung, ohne das es die uns bekannte Welt und uns selbst überhaupt nicht gäbe. Gott hat keine rein determinierte (festgelegte) Welt gewollt, sondern eine sehr dynamische, die wesentlich auf Quantengesetzen beruht und deshalb eine ungeheure schöpferische Vielfalt ermöglicht.

Ob und wie Gott unter bestimmten Umständen in das Spiel der Zufälle und anderer Quantenvorgänge eingreift, wird uns Menschen verborgen bleiben. Vielleicht gehörten einige der in Kapitel 5 erwähnten Spurenbeispiele zu den zielbewussten Eingriffen Gottes in die Abläufe seiner Schöpfungskonzeption. Inkonsequent wäre es, wenn Gott dauernd seine Grundvorstellungen abändern würde, um Menschen alles Unangenehme zu ersparen.

Wenn der allmächtige Gott also nicht aus Schwäche, sondern wegen seiner Konzeption Fehlentwicklungen bis hin zu Katastrophen, Krankheiten und Seuchen duldet, kann er dennoch mit den lebenden Wesen seiner Schöpfung leiden. Unter diesem Gesichtspunkt erhalten die Aussagen der Bibel über das Leben Jesu sowie sein Leiden und Sterben eine weitere Bedeutung und die Aussage der christlichen Kirchen, dass Gott die Liebe ist, einen weiteren tiefen Sinn.

Die christlichen Kirchen sprechen von einem ewigen Leben, das Gott den Menschen in Aussicht gestellt hat. Im ewigen Leben soll der Mensch zu seiner wirklichen Vollendung gelangen. Wenn Gott unsere Welt so konzipiert hat, dass sie uns zwar ein irdisches Leben gewährt, aber noch nicht die ihm vorschwebende Vollendung, wird er auch ein ewiges Leben, in dem uns noch unbekannte Lebensbedingungen herrschen, ermöglichen. Dann erst kann er seine Allmacht und Liebe voll zur Geltung bringen. Diese Überlegungen bilden eine fast logische Perspektive, ohne dass wir auch nur ahnen können, wie und wo die Vollendung geschehen soll. Durch seine Auferstehung von den Toten und seine Himmelfahrt hat *Jesus Christus* die deutliche Botschaft hinterlassen, dass eine andere Welt möglich ist.

Die Ausführungen in diesem Buch zur Schöpfungskonzeption Gottes erlauben im Zusammenhang schon jetzt eine neue Ebene des religiösen Denkens, auch wenn viele Fragen noch offen bleiben. Wenn Menschen Not und schreckliches Leid erfahren, dürfen sie davon ausgehen, dass Gott sie versteht und in seiner Liebe mit ihnen leidet. Der unausweichliche, oft sinnlose Tod wird nicht zum Absturz in ein endgültiges Vergessen, sondern zu einem Tor in eine neue Welt, die den Menschen eine Vollendung ermöglicht.

Schon heute können Menschen, die an Gott glauben, ihr Gottesbild mit Unterstützung des naturwissenschaftlichen Wissens erheblich erweitern. Es entstehen neue Denkansätze, von denen einige in diesem Buch zur Sprache kamen. Diese können helfen, tief in die Strukturen des Gehirns eingeprägte religiöse Verhaltensmuster zu ergänzen oder zu verändern.

## Es gibt keinen Gott, meint Eugen Drewermann

**Prolog:** Eugen Drewermann findet in den modernen Erkenntnissen der Naturwissenschaft Gründe dafür, dass ein allmächtiger Gott nicht existieren kann. Er hält die Religion dennoch für notwendig, weil sie den Menschen helfen kann, in der Sinnlosigkeit der Welt zu überleben. Seine Ansichten über Gott und Religion stehen im Widerspruch zu den von mir formulierten Aussagen. Sie sind teilweise naturwissenschaftlich nicht korrekt, da sie wie Beweise wirken.

## Ist das Christentum nicht mehr als eine künstliche Konstruktion?

*Eugen Drewermann* versucht in seinem Buch *»Wenn die Sterne Götter wären«* mithilfe naturwissenschaftlicher und philosophischer Erkenntnisse den christlichen Glauben grundlegend zu erschüttern und bietet eine seltsame Art von Ersatzreligion an. Ich möchte auf seine Ausführungen deshalb kurz eingehen, weil sie vielen von mir dargelegten Vorstellungen erheblich widersprechen.

*Drewermann* hält das Christentum für eine künstliche Konstruktion, die zum Aberglauben oder zu einem bizarren Fundamentalismus führen muss.

»Über 2000 Jahre haben die Theologen ein merkwürdiges Konstrukt aufgebaut, in dem sie biblische »Theologie« zu der Doktrin ausgestalteten, dass ein Gott als Schöpfer, den man sich personhaft vorstellte, begabt mit dem Besten, was wir Menschen uns denken können – mit Vernunft, Güte, planender Weisheit und mit großer Macht –, wie ein altorientalischer Monarch die Wirklichkeit geformt habe, und zwar aus dem einzigen Grund, seine Güte und Herrlichkeit anderen Wesen zu schenken und vor ihnen zu manifestieren. Mit Hilfe der griechischen Naturphilosophie hat man dazu den Begriff der Ursache herangezogen und Gott zur obersten Ursache all dessen erklärt, was überhaupt erklärungsbedürftig war.« (Eugen Drewermann, Wenn die Sterne Götter wären«, S. 57) »Wir brauchen Gott nicht als Ursache, und noch schlimmer: Gott als alleroberste Ursache, vorgestellt als eine Person von Allmacht, Güte und Weisheit wird durch die Weltwirklichkeit selbst widerlegt. Allweise und allgütig ist es nicht, die Mischung aus Chaos und Ordnung in Szene zu setzen, die wir Welt nennen, und dazwischen Lebewesen zu kreieren, die darüber nachdenken sollen, warum eine Frau mit 25 Jahren an Krebs stirbt, warum ihr Kind unters Auto kommt oder warum im Irak Krieg geführt wird.«

(w. o. S. 116) »Der Begriff, der von Gott metaphysisch gilt (Gott als allmächtiges, allweises, allgütiges, vollkommenes Wesen), ist inkompatibel mit dieser Welt… Nehmen wir an, Gott sei allmächtig und allweise, dann sollten wir denken, dass die Welt genau so ist, wie er es sich gedacht hat; sie muss vollkommen sein in dem Sinne, dass in ihr alles, was Gott sich in seiner Weisheit gedacht hat, auch durch seine Macht realisiert ist. Dann aber schauen wir in die Welt und finden sie auf unbegreifbare Weise ungütig und mitleidlos. Also fehlte diesem Gott offenbar die Güte, wenn er eine solche Welt geschaffen hat. Allgütig kann er nicht sein, denn dann sähe es auf Erden anders aus. Oder nehmen wir eine zweite Möglichkeit: Gott war wirklich gütig und auch mächtig, als er die Welt erschuf; er hat sie also geschaffen, wie er sie wollte, und sie sollte voller Güte sein. Dann hat er sich offenbar verrechnet – seine Weisheit reichte nicht aus, die Güte zu realisieren, die ihm vorschwebte. Die Welt wäre das Resultat gescheiterter guter Absichten. – Oder die dritte Möglichkeit: Gott hatte sich genau überlegt, wie er zu Werke gehen wollte, mit aller Weisheit, die möglich war, und mit aller Güte, die werden sollte. Dann muss man sagen: Er hat es nicht geschafft, ihm hat es an Macht gefehlt… (w. o. S. 166, 167) Die Wirklichkeit der Welt widerlegt die Kombinatorik der drei wesentlichen metaphysischen Auszeichnungen Gottes. Wenn es so steht, ist die ganze Schöpfungstheologie am Ende. Sie ist außerstande, Gott und die Welt zusammenzubringen.« (w. o. S. 169) »Der Darwinismus lehrt uns, die Welt als einem gigantischen Maß von Leid verpflichtet zu sehen. Wenn man bei dieser Betrachtungsweise stehen bleibt, kann man Darwin nur zustimmen: Sich einen Gott zu denken, der ein derartiges Getriebe von Leiderzeugung in Gang gesetzt hätte, ist unmöglich.« (w. o. S. 241, 242)

*Eugen Drewermann* hat selbstverständlich das Recht, Atheist zu sein. Da er seine Ansichten nicht beweisen kann, muss er sie glauben. Das wäre völlig korrekt. Erstaunlich ist aber, wie bereits in den Zitaten andeutungsweise zu erkennen ist, dass er naturwissenschaftliches Wissen mit Beweischarakter ausstattet, um Menschen, die an die Existenz Gottes glauben, als rückständig hinzustellen. Damit handelt er leider unwissenschaftlich.

Wenn man auf der Ebene des Glaubens Gott Allmacht sowie im höchsten Maße Weisheit, Güte, Liebe und noch viel mehr zugesteht, kann man sich auf ein Gottesbild konzentrieren, das für gläubige Christen zurzeit möglich ist. Dabei muss Gott im Zusammenhang mit dem gesamten Universum und eventuell sogar mit vielen Universen (Multiversum) gesehen werden, denn er kann nicht nur der Gott im Bereich Erd-Filiale sein. Gott ist, wenn man an ihn glaubt, der Schöpfer und Gestalter des gesamten Kosmos: Unzählige Sterne, sehr viele Galaxien und noch wesentlich größere Gebilde liegen in seinem Machtbereich. Für die Entstehung und Evolution des Universums und eventuell auch eines Multiversums schuf Gott grundlegende Naturgesetze, die bisher so fantastisch wirksam waren, dass sie alle Abläufe bestimmten beziehungsweise beeinflussten. Das bedeutet zum Beispiel, dass aus kosmologischer Sicht mithilfe unzähliger Zufälle unser weitgehend unbedeutendes Sonnensystem und unsere noch unbedeutendere Erde entstehen konnten. Schließlich wurde sogar die ungewöhnliche Entwicklung zu menschlichen Lebewesen vollzogen. Und diese Menschen können heute mit dem Wissen unserer Zeit das Gottesbild erweitern. Nur ein wirklich allmächtiger Gott war in der Lage, das alles zu ermöglichen. Mit so einem Gott haben es gläubige Menschen zu tun. Unter diesem Aspekt klingt es nach meiner Ansicht reichlich engstirnig, Gott wichtige Grundeigenschaften abzusprechen, wie *Eugen Drewermann* es macht, weil wir Gottes Konzeption für das Universum noch nicht richtig verstehen. Vielleicht gibt es im Kosmos noch viele andere Formen intelligenter Lebewesen. Sollten sie existieren, sind sie ebenfalls nur auf Grund der von Gott geschaffenen universalen Naturgesetze entstanden. Es ist gut, Gott auch einmal unter kosmologischen Gesichtspunkten zu betrachten, ohne gleich besserwisserisch wegen unerfreulicher Auswirkungen seiner Konzeption auf Menschen ihn zu kritisieren. Wir können ihm vielmehr für seine Grundkonzeption dankbar sein, auch wenn diese uns in der derzeitigen Phase des Universums noch Leid und Not beschert. Ohne sie gäbe es weder das Universum noch in einem winzigen Punkt dieses sich mit zunehmender Beschleunigung ausdehnenden Gebildes uns Menschen.

Der Gott des Universums wendet sich trotz universaler Maßstäbe den Menschen auf der Erde besonders zu, da sein Sohn Jesus Christus dort menschliche Gestalt annahm. Dieses Ereignis ist unter solchen Aspekten von außerordentlicher Brisanz gewesen. Gott konnte damit den Leid geplagten Menschen seine Zuneigung und Liebe deutlich zeigen sowie wichtige Botschaften vermitteln. Eine Änderung seiner Naturgesetze, um Menschen Leid und Unheil zu ersparen, hat er dabei nicht vorgenommen. Sie hätten in der Natur vielleicht auch negative Folgen gehabt, die wir uns kaum vorstellen können. Entscheidend wichtig erscheint mir die Botschaft Jesu, dass es ein ewiges Leben frei von Leid geben wird.

Natürlich bleiben bei diesem nur kurz angedeuteten Gottesbild mit kosmologischen Dimensionen noch viele Fragen offen. Es kann uns aber helfen, den Glauben zu erweitern und engstirnige Verkrustungen aufzubrechen.

## Hat die Religion ihre Berechtigung nur als psychologische »Kraftnahrung«?

Trotz der Zerstörung christlicher Gottesvorstellungen hält *Eugen Drewermann* Religion dennoch für wichtig, allerdings aus Gründen, die nach meiner Ansicht nur pseudoreligiös sind und an Selbstbetrug grenzen. Hierzu einige Zitate:

»Die Welt ist nicht der Ort, Gott zu begegnen, sondern ganz im Gegenteil: Gott wird nötig, weil die Welt ohne Gott unerträglich ist.« (»Wenn die Sterne Götter wären«, S. 136) »Gleichwohl glaube ich, auf Begriffe wie Ewigkeit oder Unsterblichkeit in keinem Fall Verzicht tun zu können, weil ich denke, man vermag die Wirklichkeit eines Lebens angesichts des Todes nur zu ergreifen, wenn man auf unendlich viel mehr ausgerichtet ist als auf die kurze Distanz irdischer Sterblichkeit.« (w. o. S. 159) »Ich glaube, dass das Vertrauen auf Ewigkeit identisch ist mit Liebe. Eine Liebe, die sich verliert in Ewigkeit statt an Ewigkeit, macht keinen Sinn. Alle Vorstellungen über Unsterblichkeit und ewiges Leben sind sicher nur bildliche Aussagen, ist doch unklar, wer wir überhaupt sind; als was wir uns wieder sehen, ist infolgedessen wohl ebenso unklar. Aber dass wir irgendetwas sind, das sich zu lieben lohnt, ist identisch damit, einander wieder sehen zu wollen…

Man muss an das unendliche Leben glauben, um das endliche richtig zu bestehen… (w. o. S. 161) »Sie (Anmerkung: die Natur) hört nicht zu. Sie hat kein Mitleid. Sie redet nicht nur nicht, sie ist vollkommen außerstande, die Frage zu begreifen. – Wenn das menschliche Leben sich so beschreibt, wird es schwer zu sehen, wie Religion vermeidbar wäre. Religion ist dann, zugespitzt formulicrt, die einzig mögliche Form, um als bewusstes Leben gesund zu existieren beziehungsweise um nicht verrückt zu werden… Religion erscheint so als Wahn, der aber im Sinne der Evolution liegt, weil er dem Menschen hilft, länger zu überleben… Salopp gesprochen: Wir haben einen Magen mit dem Bedürfnis, etwas zu essen zu finden, sonst gehen wir zugrunde. Und ich glaube, wir haben einen Geist, um bestimmte Antworten zu finden. Diese Antworten liegen in der Religion…« (w. o. S. 154, 155)

*Eugen Drewermann* lehnt einen allmächtigen Gott und ein ewiges Leben ab, aber er hält Religion dennoch für nötig. Seine Religion mutiert zum Zweckmäßigkeitsdenken. Religiöse Glaubensgüter werden dabei zu einer Art »Kraftnahrung«, um das harte Leben auf Erden besser und gesünder bestehen zu können. Mir bleibt unklar, wie man aus dieser Haltung, hinter der kein Gott steht, auch noch ethische Maßstäbe glaubwürdig ableiten will. *Drewermann* nutzt die Religion als Maske für eine psychologische Therapie. Seine publizierten Gedanken zeigen, wie wichtig ein modernes Gottesbild geworden ist, wenn man sich als Sinn suchender Mensch beim Wissen unserer Zeit um religiöse Orientierung bemüht. Man muss nicht – bekleidet mit einem religiösen Morgenmantel – in Sinnlosigkeit und religiöse Einsamkeit versinken, wenn man sein Gottesbild mit Unterstützung moderner Erkenntnisse der Naturwissenschaft an dem allmächtigen Gott des Universums ausrichtet. Diese inzwischen vorhandene Möglichkeit kann bei gläubigen Christen neue Glaubenskräfte frei setzen, allerdings nur, wenn die christlichen Kirchen solche Chancen nutzen. Natürlich wird ein solcher Prozess unbequem und schmerzlich sein. Von den christlichen Theologen werden in Zukunft nicht Abwehrhaltungen oder Überlegenheitsstrategien gefordert, sondern Aufgeschlossenheit und tiefe Gläubigkeit, verbunden mit einem erst heute möglichen Gottesbild.

## Die Neue Theologie Eugen Bisers

**Prolog:** *Eugen Biser* sucht nach neuen Wegen in der Theologie. Im Mittelpunkt seiner Überlegungen stehen die Neuentdeckung Jesu Christi und die Bedeutung der Auferstehung. Er möchte so Christen helfen, von einem Gehorsamsglauben zu einem Verstehensglauben zu gelangen. Dabei ist es wichtig, religiöse Ängste zu überwinden sowie Gottes Liebe, Güte und Menschenfreundlichkeit in den Vordergrund zu stellen.

*Eugen Biser*, katholischer Theologe und Religionsphilosoph, ehemaliger Inhaber des Guardini-Lehrstuhls an der Universität München, hat eine »Neue Theologie« entwickelt, um aus einer Rückbesinnung auf die Mitte des Christentums Antworten auf Fragen unserer Zeit zu finden. Diese Mitte wird definiert durch zwei Faktoren: Es geht um den bedingungslos liebenden Gott und um die Auferstehung Jesu.

»Warum eine neue Theologie? Ist denn in Sachen Christentum

nicht längst schon alles gesagt? Hat die Kirche den Glauben nicht mit aller Deutlichkeit in ihren Dogmen festgeschrieben? Hat die exegetische Wissenschaft nicht mit Hilfe der historisch-kritischen Methode die Fragen der Bibelwissenschaft überzeugend beantwortet? Wird den Menschen nicht immer wieder gesagt, wie sie ihr Leben im christlichen Sinn gestalten sollen? Doch diese vermeintlichen Klarheiten sind von Zweifeln begleitet. Ist denn der Glaube, so ist zu fragen, nicht dynamischer, als dies in den dogmatischen Festschreibungen zum Ausdruck kommt? Steht die exegetische Forschung, wie es doch sein müsste, in lebendiger Fühlung mit dem, der sich in den biblischen Schriften selber aussagt? Und antwortet die Kirche mit ihren Anweisungen auch wirklich auf die Fragen, die die Menschen an sie richten? Um dabei einzusetzen, so herrscht doch weithin der gegenteilige Eindruck, dass die Kirche auf Fragen antwortet, die niemand stellt, und die Antwort auf Fragen schuldig bleibt, die die Menschen existenziell bewegen.« (*Eugen Biser*: »Die Neuentdeckung des Glaubens«, Kreuz Verlag, 2004)

Nach *Eugen Biser* bezieht sich die neue Theologie besonders auf die nach dem Zweiten Vatikanischen Konzil in Gang gekommene Neuentdeckung Jesu. Diese führt nach seiner Vorstellung zu einer Wende vom Gehorsams- zum Verstehensglauben, vom Bekenntnis- zum Erfahrungsglauben und vom Gegenstands- zum Identitätsglauben. Von seinem Grundsatz her ist das Christentum nicht so sehr eine moralische als vielmehr eine therapeutische, den Menschen von seiner Todesverfallenheit her ergreifende Religion. Ihr geht es nicht um die Disziplinierung, sondern um die Heilung und Erhebung des Menschen zum Stand der Gotteskindschaft. Im »Zeitalter der Angst« (Auden) muss es als die Religion der Angstüberwindung neu entdeckt werden, gestützt auf das Schlusswort der johanneischen Abschiedsreden: »In der Welt habt ihr Angst; doch fasst Vertrauen: Ich habe die Welt überwunden« (Joh 16,33). Deshalb gilt der Neuen Theologie jede Form sozialer, geistiger und moralischer Repression als unchristlich.

*Eugen Biser* weist darauf hin, dass nach *Oskar Pfister* (»Das Christentum und die Angst«) alle christlichen Konfessionen lange darin übereinstimmten, den Menschen Gewissens-, Sünden-, Teufels- und Höllenängste zu suggerieren, um sie zur Übernahme ihrer Angebote zu bewegen. Dies sei ein Verrat am Vermächtnis Jesu und habe zu einer Verdunkelung seines Gottesbildes geführt. Es dürfe nicht sein, der Sache Jesu durch Gewalt gegen Dissidenten und Andersgläubige Geltung zu verschaffen. *Eugen Biser* möchte im Rahmen der neuen Theologie dieses Fehlverhalten wieder zurückführen auf die Mitte, damit das Christentum zu einer Religion der Überwindung von Angst und kollektiver Depression werden kann.

»Denn das Christentum ist im Grunde eine einzige Überredung zur Liebe, deutlicher noch gesagt: die große, aber zu oft noch in eine Kriegserklärung umgefälschte Liebeserklärung Gottes an die Menschheit. Im Panorama der Gegenwartstheologie mehren sich leider die Stimmen, die für eine Abkehr vom Gott der Erbarmung und für die Wiederentdeckung des Gottes des Zornes und des Gerichts eintreten. Sie plädieren damit, wenngleich unbeabsichtigt, für eine Rückkehr zur Mentalität der Unterdrückung und Gewalt, von der sich Christentum und Kirche, mühsam genug, im Zweiten Vatikanum losgesagt hatten.« (w. o. S. 98, 99)

Was den ersten Schwerpunkt, die Gottesentdeckung Jesu, betrifft, so geht es dabei um die Identität und das Existenzrecht des Christentums. Denn bei aller Verbundenheit mit seinem Volk und aller Zugehörigkeit zu den großen Propheten Israels unterscheidet sich Jesus doch dadurch von ihnen, dass er in der Gottesfrage die große Innovation herbeiführte, die im Bruch mit der ambivalenten Gottesvorstellung seines Volkes den Gott der bedingungslosen Liebe ans Licht hob. Damit brach er der Weltgeltung der von ihm ausgehenden Religion Bahn. Den zweiten Schwerpunkt bildet die Auferstehung Jesu, ohne die es weder das Christentum und seine Urkunde, das Neue Testament, noch die Kirche gäbe. Eugen Biser unterstreicht damit die zentrale Bedeutung der Botschaft Christi, dass sowohl eine andere als die von Menschen erfahrbare Lebensform als auch das versprochene ewige Leben möglich sind und hebt sie sogar in eine kosmologische Dimension. Meine Ausführungen zur Problematik des ewigen Lebens kommen solchen Vorstellungen relativ nahe.

*Eugen Biser* zeigte sich in einem Gespräch sehr aufgeschlossen gegenüber der Naturwissenschaft und sagte mir, dass in unserer Zeit naturwissenschaftliche Erkenntnisse wesentliche Grundfragen der Theologie ergänzen können, da sie in der Lage sind, wichtige Aussagen über Gottes schöpferische und gestalterische Konzeption zu machen. In dem erwähnten Gespräch und durch einen interessanten Schriftwechsel ist mir klar geworden, dass sich theologische Forschungen und naturwissenschaftliche Erkenntnisse auf einem geeigneten Niveau verzahnen lassen. Dabei entstehen zwar Schwierigkeiten, weil sehr unterschiedliche Denk- und Sprachwelten zusammenkommen. Diese lassen sich aber durch Offenheit, Toleranz und guten Willen überwinden.

## Zusammenfassung (Kapitel 6)

Wer Fragen nach Gott stellt, möchte gern Beweise haben, die er aber, wenn man naturwissenschaftliche Maßstäbe zu Grunde legt, nicht erhalten kann. Gottes Existenz lässt sich weder beweisen noch widerlegen. Wer heute Gott sucht, kann nach dem derzeitigen Wissensstand der Naturwissenschaft viele Spuren zu ihm finden, aber diese erst dann als solche akzeptieren, wenn ein Glaubensakt erfolgt ist. Dieser Glaubensakt gilt gleichzeitig als ein Vertrauensakt. Ohne Vertrauen kann ein Glaube an Gott nicht überleben. Moderne Glaubensprobleme entstehen häufig aus Vertrauensproblemen. Gerade die Erkenntnisse der Naturwissenschaft können aber Gläubigen oder Suchenden helfen, das Vertrauen zu Gott zu stärken, da sie eindrucksvoll zeigen, wie intelligent und mächtig ein Gott sein muss, der diesen Namen verdient. Die überragende Stellung Gottes, die dabei sichtbar wird, lässt ein Vertrauen zu, das ohne modernes naturwissenschaftliches Wissen nicht möglich wäre.

Die Gedanken über Spuren Gottes und Schlussfolgerungen aus quantenphysikalischen Erkenntnissen können zu einer Stabilisierung des Glaubens an Gott führen. Dann werden Kräfte frei gesetzt, die vorher vor allem zur Sicherung des Glaubens benötigt wurden. Diese Kräfte sind wichtig, um im religiösen Leben Gott in den erst heute möglichen Dimensionen zu suchen. Solche Erfahrungen können zum Staunen führen, das Neugierde weckt. Beide ermöglichen eine tiefe emotionale Faszination. Dann entstehen Schubkräfte für den Glauben, die u.a. in der Lage sind, die Aussagen bewahrenswerter kirchlicher Symbolik und Traditionen zu einer neuen Blütezeit zu verhelfen, da diese im Glaubensgebäude nicht mehr als tragende Säulen erforderlich sind.

Wer den Glaubensakt noch nicht vollziehen will, aber dennoch mehr wissen möchte, weil er interessiert ist, nach Sinn im Leben sucht oder vielleicht auch durch eindrucksvolle Gemeinschaftserlebnisse emotional gedrängt wird, kann durchaus schon mal mit der nötigen Distanz die vorhandenen Spuren sichten und die im Buch vorgestellten Denkmodelle werten.

Aus der Geschichte des Christentums geht hervor, dass Christen schon immer Gott allmächtig genannt haben und vom Wunder seiner Schöpfung fasziniert waren. Mehr können moderne Christen von der Formulierung her auch nicht leisten. Dennoch hat sich Wesentliches verändert. Denn wer beim heutigen Kenntnisstand der Wissenschaft

Gott allmächtig nennt, sieht die Schöpfungs- und Gestaltungsleistungen auf einem Niveau, das vor gar nicht langer Zeit noch undenkbar war. Die Qualität der Bewunderung als Grundlage für Vertrauen hat erheblich zugenommen. Für den Glauben kann sich so etwas positiv auswirken, vor allem auch dann, wenn noch ungeklärte Fragen im Raume stehen, wie z. B. die Frage nach dem ewigen Leben. Der Gläubige vertraut darauf, dass Gott sein Versprechen wahr macht. Angesichts der Möglichkeiten, die man beim derzeitigen Kenntnisstand von einem allmächtigen Gott erwarten darf, fällt so etwas erheblich leichter, als wenn man sich ausschließlich auf religiöse Verkündigungen verlassen muss, die oft im sprachlichen Gewand vergangener Zeiten angeboten werden.

Eine neue Geisteshaltung im Rahmen des Glaubens kann es schaffen, die fatale Denkweise zu beseitigen, dass der Glaube an Gott Rückständigkeit bedeutet. Es ist durchaus denkbar, dass sich in Zukunft im Meinungsbild der verschiedenen Gesellschaften gläubige Menschen einmal zu den besonders fortschrittlichen und vertrauenswürdigen zählen dürfen. So eine Entwicklung würde vor allem bei jungen Menschen Wirkung erzielen, die mit der ihnen eigenen Dynamik sinnvollen Fortschritt vorantreiben möchten.

Eine der größten Herausforderungen der christlichen Kirchen besteht darin, die Konzeption Gottes in seiner Schöpfung besser zu verstehen. Sollte das gelingen, lassen sich leichter Schlussfolgerungen und Behauptungen entkräften, nach denen Gott unfähig, launisch, ungerecht oder grausam handelt.

Die Quantengesetze, wie auch alle anderen Naturgesetze, zählen nach den Aussagen der Naturwissenschaftler zu den tragenden Säulen der Natur, und zwar nicht nur auf der Erde, sondern im gesamten Universum. Man kann sogar in Bezug auf die Quantengesetze, sagen, dass es das Universum in der uns bekannten Art ohne sie überhaupt nicht geben würde. Die Unbestimmtheiten, Wahrscheinlichkeiten und Zufälle in der Quantenwelt bedeuten für die Menschen einerseits eine Existenzgrundlage, aber sie führen andererseits auch zu Unvollkommenheiten (S. 141). Wenn Gott sich grundsätzlich für so eine Konzeption entschieden hat, mag sie den Menschen in Teilbereichen nicht gefallen, aber ohne sie gäbe es keine Menschen, die sich darüber bei Gott beschweren möchten.

Gott misst der menschlichen Entscheidungsfreiheit eine große Bedeutung bei. Er darf erwarten, dass die Gläubigen ihm auf dem jeweils höchstmöglichen Niveau suchen und begegnen. Dieses Niveau lässt sich in unserer Zeit ohne Einbeziehung naturwissenschaftlicher Erkenntnisse nicht mehr erreichen. Wenn es sich in den christlichen Kirchen aufbauen und bewähren sollte, würde davon ein erheblich größerer Einfluss auf die geistigen Strömungen der Zeit ausgehen, als es zurzeit der Fall ist.

## Aussagen des Buches als Denkanstöße

Das vorliegende Buch ist populärwissenschaftlich geschrieben, um Expertenwissen auch anderen zugänglich zu machen. Es kann zu den behandelten Themen lediglich Informationen und Denkanstöße liefern.

Die entscheidenden neuen Denkstrukturen, deren Notwendigkeit im Buch mehrmals erwähnt wurde, müssen, wenn sie christliche Kirchen wirklich durchdringen sollen, auch in die wissenschaftlichen Bereiche der Theologie eindringen und dort integriert werden. Sie lassen sich in der gebotenen Gründlichkeit populärwissenschaftlich nicht erarbeiten, wohl aber anregen und transportieren.

# Anhang

## Quellennachweise


Audretsch, Jürgen: Verschränkte Welt, S. 28, WILEY-VHC Verlag, Weinheim, 2002; Buchs. 26

Barrow, John D.: Die Natur der Natur, S. 542, 550, Rowohlt Taschenbuch Verlag, Reinbek bei Hamburg, 1996; Buchs. 97

Biser, Eugen: Die Neuentdeckung des Glaubens, S. 22, Kreuz Verlag, Stuttgart, 2004; Buchs. 147, 148, 149

Damasio, Antonio R.: Ich fühle, also bin, S. 75, 377, List Verlag, München, 2000; Buchs. 78–81, 109, 111

Davies, Paul: Zitat aus einem Artikel von Odette Frey in der Sonntagszeitung vom 20.11,2001; Buchs. 70

Davies, Paul: Gott und die moderne Physik, S. 246 f, Goldmann Verlag, München, 1989; Buchs. 94 f

Drewermann, Eugen: Wenn die Sterne Götter wären, S. 57, 116, 154 f, 159, 161, 166 f, 169, 241 f, Verlag Herder, Freiburg im Breisgau, 2004; Buchs. 143 ff

Dyson, Freeman: Zitate aus Artikeln in Bild der Wissenschaft, 6/1999 S. 71, 4/2002 S. 45; Buchs. 127 f

Edelman, Gerald M.; Tononi, Giulio: Gehirn und Geist, S. 58, Verlag C. H. Beck, München, 2002; Buchs. 77

Ehlen, Peter: Universum, Mensch, Gott, (Herausgeber: Koltermann, Rainer), S. 314 f, Verlag Styria, Graz, Wien, Köln, 1997; Buchs. 133

Frey, Odette: Zitat aus Sonntagszeitung, 20.11.2001; Buchs. 75

Ganoczy, Alexandre: Unendliche Weiten, S. 13, Verlag Herder, Freiburg im Breisgau, 1998; Buchs. 120 f

Hawking, Stephen: Kurze Geschichte der Zeit, S. 155, Rowohlt Verlag, Reinbek bei Hamburg, Buchs. 94 f

Holthaus, Heinz-Josef: Zitat aus einem Vortrag am 17.04.2005 in Coesfeld; Buchs. 108

Joos, Erich: Verschränkte Welt, S. 189 f, (Herausgeber: Audretsch, Jürgen), WILEY-VHC Verlag, Weinheim, 2002; Buchs. 34

Kessler, Hans: Gott und das Leid der Schöpfung, S. 40, 66, 82, 91, 93, 111, 117, Echter Verlag, 2000; Buchs. 135–137

Küng, Hans: Ewiges Leben, S. 142, 148, 176, 185, 272, 293, R. Piper Verlag, München, 1982; Buchs. 130–132

Latussek, Rolf H.: Zitat aus Welt am Sonntag vom 03.12.2000; Buchs. 123

Lederman, Leon: Das schöpferische Teilchen, S. 232, Goldmann Verlag, München, 1995; Buchs. 28

Lineweaver, Charles H.; Davis, Tamara M.: Zitate aus Spektrum der Wissenschaft, 05/2005, S. 45; Buchs. 84–87

Löw, Robert: Verschränkte Welt, S. 91, (Herausgeber: Audretsch, Jürgen), WILEY-VHC Verlag, Weinheim, 2002; Buchs. 23, 32

Penrose, Roger: Das Große, das Kleine und der menschliche Geist, S. 67 f, Spektrum Akademischer Verlag, Heidelberg – Berlin, 1998; Buchs. 95 f

Pfau, Tilman: Verschränkte Welt, S. 91, (Herausgeber: Audretsch, Jürgen), WILEY-VHC Verlag, Weinheim, 2002; Buchs. 23, 32

Roth, Gerhard: Zitat aus Spektrum der Wissenschaft, 10/2000; Buchs. 80, 110–112
Röthlein, Brigitte: Zitat aus Bild der Wissenschaft, 12/1999, Buchs. 45
Schnabel, Ulrich: Zitat DIE ZEIT Nr. 16 vom 11.04.2001; Buchs. 54
Smoolin, Lee: Zitat aus Bild der Wissenschaft, 11/1999; Buchs. 96
Smoot, George: Das Echo der Zeit, S. 349, C. Bertelsmann Verlag, München, 1995; Buchs. 60, 98
Stammler, Eberhard: Zitat aus dem Rheinischen Merkur Nr. 37 vom 12.09.2002; Buchs. 115
Tillemans, Axel: Zitat aus Bild der Wissenschaft, 09/2003; Buchs. 40
Turner, Michael: Zitat aus Star Observer, 10/2000; Buchs. 96
Vaas, Rüdiger: Zitate aus Bild der Wissenschaft, 06/1999, 04/2002, 09/2003, 10/2004; Buchs. 58 f, 88
Vollmer, Gerhard: Zitat aus Spektrum der Wissenschaft, 10/2000; Buchs. 110–112
Weinberg, Steven; Brutscher, Roland: Zitat aus Star Observer, 10/2000; Buchs. 99
Zeilinger, Anton: Einsteins Schleier, S. 27, 52, 108, Verlag C. H. Beck, München, 2003; Buchs. 26, 30, 36
Zeilinger, Anton: Zitat Die Presse vom 20.07.2000, Österreich.
Zeilinger, Anton: Zitat aus Spektrum der Wissenschaft, 6/2000; Buchs. 42

## Literaturhinweise und -empfehlungen

Die im Quellennachweis angegebene Literatur gilt auch als besonders empfehlenswert.

## Bücher

Beinert (Hg.), Wolfgang, Lexikon der katholischen Dogmatik, Verlag Herder, Freiburg i. Breisgau
Biser, Eugen, Einweisung ins Christentum, Patmos Verlag, Düsseldorf
Brockman, John, Die dritte Kultur, btb (Goldmann Verlag), München
Dürr, Meyer-Abich, Mutschler, Pannenberg, Wuketis; Gott, der Mensch und die Wissenschaft, Pattloch Verlag, Augsburg
Fritsch, Harald, Vom Urknall um Zerfall, R. Piper Verlag, München
Hattrup, Dieter, Einstein und der würfelnde Gott, Verlag Herder, Freiburg i. Breisgau
Knauer, Peter, Unseren Glauben verstehen, Echter Verlag, Würzburg
Linke, Detlef B., Religion als Risiko, Rowohlt Taschenbuch Verlag, Hamburg
Petersen, Claus, Die Botschaft Jesu vom Reich Gottes, Kreuz Verlag, Stuttgart
Rahner, Karl, Grundkurs des Glaubens, Verlag Herder, Freiburg i. Breisgau
Ratzinger, Josef Kardinal, Salz der Erde, DVA, Stuttgart, München
Röthlein, Brigitte, Die Quantenrevolution, dtv, München
Waloschek, Pedro, Besuch im Teilchenzoo, Rowohlt Taschenbuch Verlag, Hamburg
Weizsäcker, Carl Friedrich von, Die Einheit der Natur, dtv, München

## Zeitungen und Zeitschriften

Astronomie heute
Bild der Wissenschaft
Chrismon
Christ in der Gegenwart
Der Spiegel
DIE ZEIT
Forschen in Jülich
Forschung: Das Magazin der Deutschen Forschungsgemeinschaft
Forschungszentrum Karlsruhe
Gehirn & Geist
MaxPlanckForschung
Naturwissenschaften
Physik in unserer Zeit
Physik-Journal (Physikalische Blätter)
Rheinischer Merkur
Science
Spektrum der Wissenschaft
Star Observer
Sterne und Weltraum:
DVD: Hubble, 15 Jahre Entdeckungsreise

## Personenregister

# Stichwortverzeichnis